빛의 설계자들

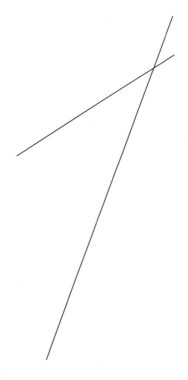

KB213083

빛의 설계자들:

홍경표외 정정훈 촬영감독들을 기록하다

김성훈 지음

차 례

프롤로그

16년 전 『씨네21』에 입사한지 얼마 되지 않았을 때, 고 유영길 촬영감독 회고전 소개 기사를 쓰면서 쩔쩔맸던 기억이 아직도 생생하다. 고 유영길 촬영감독은 유현목, 하길종, 이장호 등 당대 최고의 감독들의 영화를 찍었고 정지영, 배창호, 이명세, 장선우, 박광수 등 '코리안 뉴웨이브'가 등장하는 데 큰 역할을 했으며, '신예' 이창동 감독(<초록물고기>)과 허진호 감독(<8월의 크리스마스>)의 데뷔작을 촬영했다. 필모그래피만 봐도 한국영화사에 한 획을, 그것도 아주 굵직하게 그은 촬영감독인데 아니 웬걸, 명성에 비해 자료가 많지 않았다. 한 작품이 나올 때마다 여러 매체에서 인터뷰를 해서 이후에도 참고할만한 자료가 많은 감독, 스타 배우들과는 꽤 상반됐다. 멀리 할리우드로 눈을 돌려보면 어떤가. 미국촬영감독협회(ASC, American Society Of Cinematographers)가 매달 발행하는 촬영 전문 잡지인 『아메리칸 시네마토그래퍼』에서 고든 윌리스(<대부> 3부작, <애니홀>, <카이로의 붉은 장미>를 촬영했다)나 야누스 카민스키(<라이언 일병 구하기>, <쉰들러 리스트>, <마이너리티 리포트> 등 스티븐 스필버그의 대표작을 촬영했다) 같은 촬영 대가들의 스타일과 특징 분석, 그들만의 비책을 알려주는 기사를 수두룩하게 찾아볼 수 있는 것과도 대조됐다. 촬영감독은 감독이 의도한 서사를 구현하기 위해 영화의 빛과 어둠을 조율하는 중책을 짊어진 사람이다. 한국의 촬영감독들은 좀 더 집중적으로 조명되어야 마땅했다.

영화 기자가 되기 전 곽경택(<사랑>(2007)), 장률(<경계>(2006)) 감독의 조감독 시절에도 촬영감독의 세계를 늘 동경해왔지만(특히 포커스 풀러가 포커스를 맞추기 위해 카메라와 배우 사이의 거리를 줄자로 재는 모습이 그렇게 멋질 수가 없었다!), 본격적으로 관심을 가지게 된 것은 이러한 이유에서다. 이 영화에서 촬영감독은 어떤 카메라와 렌즈를 사용했을까, 이 장면에서 빛을 어떻게 설계했을까, 이 시퀀스에서 카메라가 왜 저렇게 움직였을까, 화면 색감은 왜 저 톤일까……. 또 촬영이란 게 촬영감독의 정교한 설계와 의도에서 나오는 결과물이지만, 때로는 자연의 마법 같은 순간이 화면에 신비로운 에너지를 불어넣기도 한다. 그 감춰진 이야기도 궁금했다. 말하자면 극장에서 우리가 보는 영화 속 모든 장면의 비밀을 알고 싶었던 셈이다. 그 세계에 조금 더 가까이 다가가기 위해 『씨네21』 주간 회의 때마다 촬영감독 인터뷰를 부지런히 발제했다. 당시만 해도 DVD나 블루레이 타이틀의 서플먼트에 수록된 촬영감독의 코멘터리나 인터뷰가 아니면 촬영감독의 의도를 알 길이 많지 않았으니까, 이 내용을 잡지를 통해 독자들에게 꼭 소개해야 한다는 일종의 사명감도 있었던 것 같다.

사실 촬영감독 인터뷰는 감독이나 배우 인터뷰에 비해 반응이 크지 않다. 일반 독자들에게 촬영은 어렵거나 전문적인 영역으로 인식되기 일쑤니까. 그래서 작은 응원도 큰 힘이 된다. 종종 영화를 공부하는 학생들로부터 촬영에 대한 심도 깊은 대화를 기사로 실어주어서 고맙다는 응원 메일을 받곤 했다. 최근에도 북미 지역에서 거주하는 한 필름메이커로부터 "정정훈 촬영감독의 심도 깊은 인터뷰 기사를 감명 깊게 읽었다. (중략) 정정훈 감독님의 행보는 북미에서 활동하는 저 같은 젊은 영화인에게 큰 영감을 주고 있다. 영어권에서 고군분투하는 한인 필름메이커로서 존경과 감사의 마음을 전달하고 싶다"는 내용의 장문의 메일을 받았고, 정정훈 촬영감독도 이 메일 내용을 공유 받고 함께 기뻐했다. 류성희 미술감독께 이 책에 들어갈 정정훈 촬영감독에 대한 코멘트를 부탁했을 때, 류 미술감독은 "한국에는 촬영감독을 조명하는 책이 없지 않나. 진작에 나왔어야 할 책"이라며 응원해주기도 했다(감사, 또 감사!).

　　수많은 촬영감독들 중에서도 홍경표와 정정훈 두 사람에게 관심을 가지게 된 건 내게 자연스러운 일이다. 영화를 공부하던 학생 시절부터 영화 기자로 일하고 있는 지금까지 긴 세월에 걸쳐 두 촬영감독이 찍은 한국영화들을 개봉 때마다 극장에서 감상했으니 말이다. 쭉 지켜보고 그들과 그들의 영화 세계를 탐구하며 알게 된 차이점과 공통점이 있다. 홍경표와 정정훈, 정정훈과 홍경표 두 촬영감독은 작업 방식도, 촬영 스타일도, 함께 일했던 감독들도 다르다. 홍경표가 목표물을 절대로 놓치지 않는 어마무시한 맹수(가슴팍에 호랑이 문신이, 왼팔엔 불새 문신이 오롯이 새겨져있다!)라면 정정훈은 배우들이 최고의 연기를 선보일 수 있는 환경을 마련해주는 능글능글하고 치밀한 설계자다. 동시에 이들이 촬영한 영화들은 지금 글로벌 무대에서 불고 있는 'K-콘텐츠' 바람의 시작점이었다. 필름부터 디지털까지, 두 사람이 찍은 영화와 명장면들은 우리나라뿐만 아니라 다른 국가의 관객들에게 아직도 회자된다.

　　영화 기자로 일한 지난 16년 동안 그들이 찍은 영화들이 개봉할 때마다 기를 쓰고 인터뷰를 청한 것도 그래서다. 홍경표, 정정훈 촬영감독이 각각 촬영한 <곡성>과 <아가씨>가 개봉했던 약 8년 전, 두 사람의 공식적인 만남을 처음 주선해 그들의 대담을 『씨네21』에 싣기도 했다. 촬영이 끝날 때마다 두 사람에게 연락하는 나의 노력을 가상하게 봐주었는지, 기사로 내보낼 수 없는 작업의 비밀이나 차기작 소식을 단독으로 듣는 호사도 누리고 있다.

그러다 3년 전쯤인가. 이렇게 귀중하고 소중한 이야기를 혼자서 독차지하기보다는 기록으로 남겨야겠다는 생각이 들었다. 더군다나 감독이나 배우를 다루는 영화 책들은 많은 반면, 촬영감독을 다루는 책이 전무하다시피하지 않나. 다행히 두 촬영감독도 내 생각에 흔쾌히 동의해주셨다. 이창동, 박찬욱, 봉준호 감독, 류성희 미술감독, 송종희 분장감독, 이재혁 스틸작가 등 두 사람과 함께 일했던 동료들이 인터뷰에 응해주거나 코멘트를 보내주었다. 멀리 런던에서 에드가 라이트 감독은 장문의 글을 보내왔다. 모두 진심으로 감사드린다. 오랜 시간 가까이서 관찰한 홍경표, 정정훈 촬영감독에 대한 이 기록이 이 책을 읽는 독자들에게 영화를 즐기는 한 가지 가이드가 되었으면 좋겠다.

PART 1

홍경표 1:
'리얼'은 '리얼'이 아니다.
철저한 계산이다.

삐쭉삐쭉 나온 울프컷과 머리칼 사이로 보이는 날카로운 눈빛 때문이었을까. 캡모자를 눌러쓴 채 터벅터벅 걸어오는 홍경표 촬영감독의 모습은 마치 맹수 같았다. 곽경택 감독의 연출부 시절, 나는 대학을 갓 졸업한 스물네 살이었다. 곽경택 감독과 홍경표 촬영감독이 <챔피언>에 이어 두 번째 호흡을 맞춘 <태풍>이 끝날 무렵 합류해 곽경택 감독의 신작을 함께 준비하고 있었다. 감독님과 함께 시나리오를 수정하고, 다른 연출부 동료들과 함께 촬영을 준비하느라 정신없이 지내던 어느 날, 영화 잡지에서나 보던 홍경표 촬영감독이 사무실에 놀러 왔다. 그의 첫인상은 매우 강렬했다. 작은 체구와 어울리지 않는 어마무시한 에너지가 느껴졌다. 지금은 유머도 잘 구사하고 성격이 부드럽지만 그때만 해도 웃는 모습을 본 적이 거의 없고, 나 같은 연출부에게 촬영감독인 그는 말을 붙이기조차 어려운 사람이었다. 그가 고레에다 히로카즈 감독의 신작 <브로커> 촬영을 마치자마자 이상일 감독의 신작 <유랑의 달>을 촬영하러 도쿄로 떠나기 한 달 전인 2021년 7월, 그의 집이 있는 경기도 일산에서 만났다. 함께 식사를 하며 옛날 얘기를 했더니 그는 "그때도 나는 되게 부드러운 사람이었어"라며 허허 웃었다.

　지금은 많은 사람들에게 <기생충>의 촬영감독으로 유명하지만, 그는 이미 오래전부터 전성기를 구가하고 있었다. 충무로에 혜성처

럼 등장한 장준환 감독의 데뷔작인 <지구를 지켜라!>(2003)와 한국
영화 사상 두 번째 천만 관객을 불러 모은 블록버스터 <태극기 휘날리
며>(감독 강제규, 2004), 그리고 당시 역대 최고 제작비였던 200억 원
이 투입된 영화 <태풍>(감독 곽경택, 2005)을 연달아 찍던 때였다. 그
의 촬영 스케줄은 1~2년 뒤까지 꽉 차 있었고, 그가 '어떤 영화에 합류
했다'는 소식이 충무로에서 늘 화제가 됐으며, 많은 사람들이 그가 또
어떤 새로운 시도를 선보일지 궁금해하곤 했다. "작은 체구인 그가 70,
80명이 모인 촬영 현장을 장악하는 광경은 혀를 내두를 만큼 무시무
시하다"라거나 "그가 조명과 그립까지 직접 컨트롤한다더라" 같은 목
격담이 연출부와 조감독 사이에서 활발하게 오가기도 했다.

　　충무로의 눈이 그를 주목한 건 단순히 그가 촬영을 잘했기 때
문만은 아니다. 필름 시절에도, 필름에서 디지털로 넘어가는 과도기에
도, 제작비 규모가 큰 블록버스터에서든 '작은 영화'에서든 그는 언제
나 과감한 시도를 두려워하지 않는 촬영감독이었다. 그런 의미에서 홍
경표 촬영감독은 스스로 새로운 길을 개척한 선구자인 셈이다. 촬영감
독과 조명감독의 역할이 엄격하게 구분됐던 당시, <지구를 지켜라!>
를 찍은 뒤 조명팀과 촬영팀을 직접 꾸리는 DP 시스템을 처음 도입한
사람이 바로 홍경표 촬영감독이다. 그뿐만 아니다. 그는 그립팀을 직접
운영하고 조명 장비를 직접 구입했다. 충무로를 장악하던 '코닥'이 아
닌 '후지' 같은 다른 필름을 과감히 사용하기 시작한 첫 번째 주자도
홍경표 촬영감독이었다. 할리우드 현상소(미국이 아니라 '서울역 할리
우드'로, 당시 인기 있던 한 필름 현상소다) 지하실에서 한국 최초로 특
수 현상을 한 사람도 그였다. 그의 새로운 작품을 접할 때마다 자신이
원하는 룩을 구현하기 위해 카메라나 렌즈뿐만 아니라 시스템까지 바

꾸는 에너지가 대체 어디서 나오는지 늘 궁금했다. 하지만 자세한 비결이나 철학을 알 길이 거의 없었다. 그때나 지금이나 한 영화가 개봉했을 때 세간의 관심이 쏠리는 건 배우와 감독이며, '누가 어떻게 찍었는지'는 주요 관심사가 아닌 까닭이다.

장률 감독의 <경계>, 곽경택 감독의 <사랑>의 조감독을 연달아 맡으면서 많은 걸 배우며 성장했지만 현장을 떠나기로 결정했다. 그때가 28살이었다. 기자가 된 뒤에도 수없이 들었던 질문인데, 영화 일을 그만둔 건 여러 이유가 있었다. 연출부, 조감독 생활을 하면서 영화감독이 아무나 하는 일이 아니라는 사실을 깨달았다. 영화 한 편을 만들기 위해 머리를 쥐어짜고, 수백만 가지의 결정을 내리는 모습을 옆에서 지켜보면 숨이 탁탁 막혔다. 20대 내내 영화 현장에서 생활한 까닭에 서른이 되기 전에 다른 일도 하고 싶었다. 고등학교 시절(1997~1999년)부터 즐겨 읽던 『씨네21』에서 기자가 되면 영화를 보고 글을 쓸 수 있는 데다가 감독, 배우와 인터뷰까지 할 수 있으니 얼마나 재미있을까 생각했던 것도 이유 중 하나였다. 마침 기회가 왔다. 취재기자를 모집한다는 공고가 나왔다. 싸이더스에서 로맨틱코미디 영화의 제작부로 일하던 나는 "병원에 다녀오겠다"고 얘기하고 충무로에서 택시를 타고 공덕동 한겨레신문사에 가서 면접을 봤다. 이 얘기를 들은 남동철 편집장과 문석 취재팀장은 어이없다는 반응이었다. "김성훈 씨는 현장 경험이 많아서 좋긴 한데, 지금 다니는 회사에서 나올 수 있겠어요?"라고 되물었다. 무슨 배짱이었는지 씩씩하게 대답했다. "네! 뽑아주시면 열심히 하겠습니다." 그렇게 입사한 『씨네21』에는 쟁쟁한 기자들이 많았다. 남들보다 글을 잘 쓰지도 못하고, 아는 것도 많지 않던 내가 정글 같은 곳에서 살아남을 수 있는 길이 무엇일까 늘 고민했다.

그래서 내린 결론은, 현장 경험을 살릴 수 있는 틈새시장을 노릴 것.

내가 몇 편의 영화에 연출부, 조감독, 제작부로 참여하면서 알게 된 것 중 하나는 영화 속 거의 모든 장면은 거저 얻어지지 않는다는 사실이다. 촬영 전 감독이 촬영감독, 미술감독, 조명감독, VFX 슈퍼바이저, 무술감독 등 키스태프과 함께 콘티 작업을 하는 것도 사전에 철저하게 계산하고 준비하여 감독의 연출 의도를 빠짐없이 구현하기 위해서다. 간혹 전설 같은 비하인드 스토리로 등장하는, 촬영에 마법 같은 순간을 부여하는 의도치 않은 바람과 비, 눈과 같은 날씨의 행운을 얻기도 하지만, 이 또한 철저하게 준비한 팀만이 쥘 수 있는 행운이라고 생각한다. 그때 현장에서 감탄하면서 지켜보던 촬영감독의 마법을 독자에게 소개하는 것을 나만의 아이템으로 가져가야겠다고 생각했다. 미국 촬영감독협회(ASC)가 발간하는 월간지 『아메리칸 시네마토그래퍼』가 동시대의 할리우드 촬영감독의 작업 비하인드 스토리를 전하듯이 한국의 촬영감독을 독자에게 소개하고 새로운 얼굴을 계속 알려야겠다 싶었다. 동시대의 한국 촬영감독에 대한 애정은 그렇게 시작됐다.

"사람들은 내가 찍은 장면을 두고 리얼하다고 한다. 하지만 그건 '리얼'이 아니다. 내가 찍은 장면이 리얼하게 보이는 건 완벽히 계산해서 찍었기 때문이다." 프랜시스 포드 코폴라 감독의 <대부> 시리즈를 촬영했고 우디 앨런 감독의 오랜 파트너였던 고든 윌리스 촬영감독의 말이다. 홍경표 촬영감독을 다시 만난 건 고든 윌리스 촬영감독이 세상을 떠나 그의 부고 기사를 쓰면서다. 오랜만에 그에게 전화를 걸어 고든 윌리스가 촬영한 명장면 두 개를 꼽아달라고 부탁했다. 그는 <대부>의 오프닝 시퀀스와 <대부2>에서 젊은 비토(로버트 드 니로)가 첫 살인을 저지르는 시퀀스를 각각 꼽았다. 그 두 장면을 선택한 이유가 재미있다. "카메라가 대부를 찾아온 장의사의 얼굴을 보여주면서 <대부>가 시작된다. 장의사의 얼굴에서 서서히 줌아웃되면서 드러나는 대부 돈 콜레오네(말론 브랜도)의 실루엣이 굉장히 인상적이다. 보통 창이 있는 공간은 창을 통해 들어오는 빛을 활용하기 마련이다. 하지만 고든 윌리스는 로키 조명을 세팅해 공간을 전체적으로 어둡게 표현하고, 짙은 그림자와 극단적인 명암을 강조했다. <대부2>의 경우, 빈 아파트 복도에서 이탈리아 이민자 마을의 보스 돈 파누치를 살해한 뒤 유유히 건물 밖으로 나간 뒤 시장 거리를 걸어가는 젊은 비토를 트래킹숏으로 담아낸다. 더욱 놀라운 건 그가 곧바로 시장 어딘가에 있는 가족에게 가서 어린 마이클을 포옹한다는 것이다. 보통 살인을 저지른 사람은 공범자를 만나지 않는다. 가족을 위해서라면 모든 것을 할 수 있다는 비토 콜레오네의 철학과 그의 미래를 암시하는 장면이다." 어쩌면 이 설명이야말로 촬영감독이 무슨 일을 하는 사람인지를 제대로 표현하는 말일 것이다.

고든 윌리스 촬영감독의 말처럼 영화 속 모든 장면이 촬영감독의 철저한 계산에서 만들어졌다는 사실을 아는 사람은 많지 않다. 촬영감독은 시나리오를 바탕으로 감독이 구현하고 싶은 그림을 영상으로 펼쳐내는 일을 하는 사람이다. 감독과 함께 장면들을 어떻게 찍을지 스토리보드를 짜고, 조명팀과 빛을 설계하며, 미술팀과 색감을 정한다. 감독이 원하는 것을 놓치지 않고 촬영을 끝낼 수 있을지는 촬영감독의 역량에 달렸다. 내가 촬영과 촬영감독의 세계에 매료된 이유이기도 하다. 영화 기자로 일하면서 많은 촬영감독으로부터 그들의 작업기를 들을수록 영화의 비밀을 알아가는 듯한 희열이 커졌다.

그렇게 다시 시작된 홍경표 촬영감독과의 인연은 <곡성>(감독

나홍진, 2015)부터 <버닝>(감독 이창동, 2018), <기생충>(감독 봉준호, 2019), <다만 악에서 구하소서>(감독 홍원찬, 2020), <브로커>(감독 고레에다 히로카즈, 2022), <탈출: 프로젝트 사일런스>(감독 김태곤, 2024)까지 영화를 내놓을 때마다 이어졌다. 개봉 전이면 항상 그에게 만남을 청했고, 그의 본거지나 마찬가지인 덱스터스튜디오 색보정실에서 만나 촬영 이야기를 들었다. 숏에 들어가기 직전에 자신의 사진기로 손수 포착한 흑백 사진들을 함께 감탄하며 감상했다. 그가 참여한 작품은 장르도, 함께 작업한 감독도 제각각이지만, 연출의 테두리 안에서 서사를 끌고 가는 힘이 어마어마하다는 점에서 공통적이다. 모든 장면을 완벽하게 계산해 설계하되, 말로 설명하기 힘든 동물적인 에너지가 화면 가득히 채운달까. 매번 감탄하며 "이런 장면은 촬영을 어떻게 설계했나요?"라고 물으면 그는 이렇게 대답한다. "뭘 어떻게 설계해. 최대한 감독이 원하는 룩을 구현하는 거지." 그러면서 그 신을 얼마나 치열하게 계산했는지에 대한 상세한 설명을 잊지 않는다. 이만한 '츤데레'가 또 없다.

이 책의 원고를 시작한 지 얼마 되지 않았던 2021년 8월 6일, 홍경표 촬영감독은 올림픽이 열리는 도쿄에서 신작 <유랑의 달> 촬영을 시작했다. 그때만 해도 동명의 소설을 원작으로 하고, 배우 히로세 스즈와 마츠자카 토리가 주인공으로 캐스팅됐다는 사실 외에 알려진 정보가 거의 없었다. 홍경표 촬영감독은 고레에다 히로카즈 감독의 <브로커>를 찍기 전에 이상일 감독으로부터 촬영 제안을 받아 성사된 만남이라고 했다.

<악인>(2010), <용서받지 못한 자>(2013), <분노>(2017) 등 전작에서 부글부글 끓어오르는 에너지를 선보여온 재일교포 이상일 감

독과 홍경표 촬영감독의 첫 작업이 어떤 결과를 내놓을지 한껏 기대
됐다. 고레에다 히로카즈와 홍경표가 차가움과 뜨거움의 만남이라면,
이상일과 홍경표는 뜨거움과 뜨거움의 만남이랄까. 홍경표 촬영감독
에게도 이 비유를 얘기했더니 그 또한 "하하, 맞아. 그래서 나도 기대
가 커"라고 맞장구를 쳤다. <기생충>과 <브로커> 때 그랬듯이 "이번에
도 흑백 사진을 많이 찍어오겠다"고 덧붙이면서. 그가 이상일 감독의
세계를 어떻게 그려낼까. 그가 카메라에 담아낸 그림이 현실과 어떻게
조응할까. 빛의 설계자이자 서사의 동력인 그의 여정이 다시 시작되는
지점에서, 설렘을 담은 기대와 응원을 보냈다.

데뷔작 한줄평: "촬영이 '아트'더라."

"감독이 집을 팔아서 찍은 저예산 영화인데 촬영이 '아트'더라." 곽경택 감독의 조감독 시절, 동료 조감독이 홍경표 촬영감독의 데뷔작인 <하 우등>(감독 김시언, 1999)을 보았다며 해준 얘기다. 영화는 별로였는 데 촬영이 뛰어났다는 말인지, 아니면 촬영이 유독 돋보인 영화였다는 말인지 아리송했다. 당시 충무로에서 가장 잘나가는 촬영감독의 시작 이 궁금해 한국영상자료원이 있던 서초동에 가서 영화를 보았다. 이 작품은 DVD로 출시된 것 같은데, 절판이 됐는지 영상자료원에 가지 않고선 볼 수 있는 방법이 현재로선 없다. 참고로 한국영상자료원이 상암동으로 이전한 건 2007년이다. 그전에는 서초동 예술의 전당에 있었다. 이 글을 쓰기 위해 상암동에 위치한 한국영상자료원에 다시 가서 감상했는데, 옛날 서초동 시절이 새록새록 떠올랐다.

<하우등>은 세 청춘이 은행을 털고 몸을 숨기기 위해 폐교에 들어가면서 벌어지는 이야기다. 폐교처럼 막다른 골목에 내몰린 청춘 의 사연을 대화를 통해 풀어가는 형식이다. 다소 지루할 수밖에 없는 이야기에 생기를 불어넣는 건 홍경표 촬영감독의 카메라다. 폐교 밖을 거의 나오지 않는 그의 카메라는 빛과 그림자를 통해 시간의 흐름을 섬세하게 표현하며 세 인물의 불안감과 절박함을 드러낸다. 과거 자료 를 살펴보면 인공조명을 쓸 예산이 넉넉지 않아 전체 회차 중에서 두

회차 정도만 썼다고 하니, 영화에 투입됐던 조명 대부분을 자연광에 의존한 것으로 보인다. 홍경표 촬영감독은 해가 언제 떠서 어떤 방향으로 이동하고 떨어지는지, 그림자는 어떤 방향으로 떨어지는지 철저하게 계산했을 것이다. 해의 움직임에 따라 새벽, 아침, 정오, 오후, 해질 녘, 밤을 구분해 카메라에 담았다. 그리고 이 영화는 부족한 예산 때문에 16밀리로 촬영한 뒤 후반 작업에서 35밀리로 '블로우업[1]' 작업을 거쳤는데, 블로우업을 염두에 두고 작업한 배짱도 두둑했다. 고 유영길 촬영감독이 <초록물고기>(감독 이창동, 1997)를 찍을 때 이런 얘기를 한 적 있다. "영화 촬영의 핵심은 카메라의 테크닉이 아니라 빛의 설계"라고. 어쩌면 홍경표 촬영감독은 빛을 이야기에 맞게 설계하는 일이야말로 관객을 서사에 친절하게 끌어들이는 관건이라는 사실을 처음부터 알고 있었는지도 모른다. <하우등>은 이후 <처녀들의 저녁식사>(감독 임상수, 1998)와 <유령>(감독 민병천, 1999)을 연달아 찍으며 충무로에 개성 강한 촬영감독 홍경표를 알리게 되는 출발점이 되었다.

특유의 구수한 경상도 사투리에서 짐작할 수 있듯이 홍경표 촬영감독은 경북 왜관 출신이다. 1999년 8월 24일 발행됐던 『씨네21』에 처음 실렸던 홍경표 촬영감독의 인터뷰를 보자. 그는 "미군 부대 담장 너머로 들려오는 록 리듬에 어깨를 들썩이며 자랐다. 줄줄이 초등학교 전교 회장을 지냈던 형들과 달리 별로 영특하지 못했고, 겉돌던 내게 시골 마을은 답답했다. 대구까지 열차로 통학했던 고등학교 시절은 등교 대신 책을 읽거나 '땡땡이' 치는 게 일과였다"며 자신의 학창 시절을 회상한다. 대학 진학도 경제학과로 했던 그의 운명을 송두리째 뒤바꾼 건 제대한 뒤 둘째 형으로부터 선물 받은 비디오카메라였다. 비디오

---

1 필름을 확대하여 인화한다는 뜻의 영화 용어. (이하 모두 작가주)

촬영에 재미를 느꼈던 그는 사설 학원을 찾아가 더 공부했고, 그러다 무턱대고 찾아간 곳이 바로 촬영감독협회다. 그곳에서 이석기 촬영감독을 만나 그의 촬영팀에 들어갔다. 그의 본격적인 영화 인생은 1988년 16밀리 국방부 홍보 영화에 조수로 참여하면서 시작됐다. 그리고 1989년 영화 <추락하는 것은 날개가 있다>(감독 장길수)에 참여하며 본격적으로 충무로에 발을 내디뎠다. 이후 구중모, 팽정문, 손현채, 정운교 등 여러 촬영감독 밑에서 조수 생활을 하다가 영화 <땅끝에 선 연인>(감독 이석기, 1992)으로 조수 생활에 종지부를 찍었다. 그의 촬영부 마지막 보직은 세컨드. 워낙 자유롭고 거침없는 이미지라 촬영부 조수 생활을 한 번도 안 했을 것 같은 그가 여러 촬영감독 밑에서 촬영을 배운 것도 놀랍고, 조수 생활을 오래 한다고 해서 훌륭한 촬영감독이 되는 건 아니란 판단에 세컨드까지만 밟고 조수 생활을 그만둔 것도 그답다.

영화를 좀 더 공부하기 위해 전세금을 빼서 미국으로 간 것도 그때쯤이다. 무작정 미국으로 건너가 미국영화연구소(AFI)에 지원했지만 보기 좋게 낙방했다. 대신 한국에서 보지 못했던 고전, 걸작 영화들을 닥치는 대로 찾아보았다. 학교, 촬영장, 워크숍 등 촬영을 보고 배울 수 있는 곳이라면 어디라도 찾아가서 어깨너머로 공부했다. 마침 가수 김수희가 연출하는 영화 <애수의 하모니카>(1994)의 미국 로케이션 분량을 촬영해달라는 제안이 왔다. 현지 스태프와 함께 작업했던 이 경험은 미국의 촬영 시스템을 온몸으로 체험할 수 있는 기회가 됐다. 1995년 11월 갑작스러운 가정 사정 때문에 홍경표는 다시 한국으로 돌아왔다. 다시 복귀한 충무로에서 그는 영화 <부처를 닮은 남자>(감독 김진성, 1999), 배용균 감독의 조감독인 김동현 감독의 단편 <기

슭으로 가는 배>, 이항배 감독의 <애> 등 여러 영화를 촬영했다.

홍경표 촬영감독이 <하우등>을 함께 만들었던 김시언 감독과 운명 같은 인연을 맺은 건 미국에서 잠깐 돌아왔던 1995년이다. 둘은 영화진흥공사(현 영화진흥위원회의 전신)에서 만나 "언젠가 같이 영화 하나 만들자"고 약속했다. 김시언 감독은 완전히 한국으로 돌아온 홍경표에게 시나리오를 보여주었고, 홍경표는 이야기를 마음에 들어하며 선뜻 찍겠다고 나섰다. 둘을 비롯해 제작진, 신인 배우들이 의기투합해서 완성한 <하우등>은 그해 부산국제영화제에서 먼저 공개된 뒤 로테르담 등 여러 해외 영화제에 초청됐다.

재미있는 건 홍경표와 정정훈이 처음 만난 것도 이때쯤이라는 사실이다. 홍경표는 정정훈의 촬영감독 입봉작 <유리>(감독 양윤호, 1996)를 인상 깊게 보았고, 영화의 원작 소설인 『죽음의 한 연구』(작가 박상륭)를 미국에 갈 때 챙겨갈 만큼 좋아했다. 당시 코닥 워크숍에서 만난 두 사람은 "맨날 같이 놀았다"(정정훈). 홍경표 촬영감독도 "<세븐>(감독 데이비드 핀처, 1995)을 보고 충격받아 현장에서 뭔가 새로운 걸 해보려고 뛰어다닐 때"였다고 회상했다. (다시 돌아봐도 <세븐>은 충격적인 영화였다. 그때만 해도 촬영에 무지했던 나조차도 극장에서 보고 '블리치 바이패스[2]'가 뭔지 찾아볼 만큼 센세이션 했다.) 홍경표 촬영감독이 단편 영화를 찍던 중 <하우등>을 찍게 되자 정정훈 촬영감독에게 기존에 작업하던 단편 영화를 대신 마무리해달라고 부탁해, 정정훈 촬영감독이 단편을 마저 완성한 일화도 있다. 그 이후로 홍경표와 정정훈, 두 촬영감독의 시간은 한동안 엇갈린다. 홍경표는 <하우등>을 끝낸 뒤 임상수 감독의 <처녀들의 저녁식사>, <유령> 등 당시

2 컬러사진의 현상 과정에서 표백(bleach) 과정을 건너뛰어(bypass) 은 입자를 세탁하지 않고 남겨두는 현상 기법

잘 나가던 우노필름(차승재 대표가 싸이더스를 설립하기 전에 운영하던 영화사)의 영화를 연달아 찍게 됐다. 반대로 정정훈은 <올드보이> 촬영 제안이 오기 전까지 긴 겨울을 보냈다.

정정훈 1:

졸업 영화 현장에 <올드보이>
촬영감독이 나타났다!

"<올드보이> 촬영팀이래."

현장에 갔더니 처음 보는 사람이 있어서 후배에게 누군지 물으니 촬영감독이라고 했다. 대학 시절, 선배의 졸업 영화에 붐 오퍼레이터로 참여한 적 있다. 보통 졸업 영화는 학교 선후배가 품앗이로 참여하는데, 이 영화를 연출한 선배는 촬영감독을 이웃 학교에서 구해 왔다. 아니, 3명으로 구성된 촬영팀을 통째로 '모셔왔다'. 모두 <올드보이> 촬영팀이었다. 학교에도 촬영할 줄 아는 사람이 많은데 왜 학교 밖에서 구했을까라는 의문보다는 어서 그들과 친해져 오대수(최민식)의 '장도리 액션신' 비하인드 스토리를 물어봐야겠다는 생각이 앞섰다. 그때 그 단편 영화를 연출한 학교 선배는 <신의 한 수: 귀수편>(2019), 디즈니 플러스 오리지널 시리즈 <그리드>를 만든 리건 감독이다. 리건 감독이 동국대학교 연극영화과에서 모셔온 촬영감독은 이후 <비밀은 없다>(2015), <범죄도시>(2017), 넷플릭스 오리지널 시리즈 <보건교사 안은영>을 찍게 되는 주성림 촬영감독이었다. 개퍼[3]와 포커스 풀러[4]는 <좋은 친구들>(2014), <아이 캔 스피크>(2017)의 유억 촬영감독이 맡았다. 그때만 해도 한참 어른 같아 의지하던 형들인데, 오랜만에 접속

3 촬영감독의 주문에 따라 조명을 세팅하는 스태프. 할리우드 영화 엔딩 크레딧에서 조명감독에 해당하는 단어.
4 촬영팀에서 카메라와 피사체 사이의 거리를 재서 포커스를 맞추는 업무를 하는 사람

한 싸이월드의 옛날 사진첩을 보니, 아이처럼 앳되기만 한 얼굴이다.

　　내가 정정훈 촬영감독을 처음 만난 때가 바로 그즈음이다. 당시 촬영 현장에 응원차 잠깐 들른 '<올드보이> 촬영감독 정정훈'이 신기해서 한참을 쳐다봤던 기억이 생생하다. 그는 파격적인 촬영감독이었다. 당시 영화 두세 편 촬영이 경력의 전부인 그가 <공동경비구역 JSA>(2000)와 <복수는 나의 것>(2002)을 연달아 찍으며 평단의 찬사를 한몸에 받은 박찬욱 감독의 신작 <올드보이>의 촬영감독으로 낙점된 것은 놀랄 일이었다. 게다가 마침내 공개된 <올드보이>에서 그가 선보인 촬영은 강렬한 신선함과 엄청난 에너지로 가득 차 있었다. 그러니 나 같은 후배 영화인들에게 동경의 대상일 수밖에.

　　만날 사람은 언젠가 다시 만난다. 계속 만난다. 학생 시절 잠깐 만난 정정훈 촬영감독을 한참 시간이 흐른 뒤 기자와 취재원으로 다시 만났다. 계기는 『씨네21』 창간 14주년(올해가 29주년이니 벌써 15년 전 일이다) 기념호를 만들며 낸 아이디어 덕분이었다. 여러 영화인과 뮤지션의 작업실을 찾아가 그들의 공간과 작업에 대한 이야기를 나누는 아이템이었다. 의욕도, 아이디어도 많았던 신입 기자 시절이었다(그립다!). 박찬욱 감독의 <박쥐>(2008)를 막 끝낸 정정훈 촬영감독에게도 인터뷰를 요청했다. 서울 반포 토박이던 그는 자신의 자택 공간을 선뜻 공개해주었다. 오랜만에 그를 만난다는 반가움과 좋아하는 촬영감독의 공간을 구경한다는 설렘을 안고 찾은 그의 집은 놀랍도록 깔끔했다. 단순히 물건을 쌓아두지 않는 수준을 넘어서 물건이 거의 없었다. 먼지 하나 없는 그의 책장에는 그 흔한 자신의 영화 DVD 타이틀 한 장이 없었고, 작업실 서재의 긴 책상 위에는 컴퓨터 한 대와 카메라 세 대뿐이었다. 미니멀한 공간도, 깔끔한 성격도 부잣집 도련님 같은 외모에 걸맞다며 속으로 혀를 내둘렀다. 나중에 알게 된 사실인데 홍경표 촬영감독도, 아직 기자가 되기 전 <경계>를 함께 작업한 인연으로 친구가 된 <악녀>(감독 정병길, 2017), <허스토리>(감독 민규동, 2018), <삼진그룹 영어토익반>(감독 이종필, 2019), <소리도 없이>(감독 홍의정, 2020)의 박정훈 촬영감독도 정리 정돈에 일가견이 있었다. 표본 집단을 좀 더 모아봐야겠지만, 또 선입견일 수도 있겠지만 대체로 촬영감독들은 깔끔한 성격인 듯하다.

　　다음 만남은 말 그대로 '전쟁터'에서 이루어졌다. 선배 기자를 따라 그가 촬영감독으로 참여하던 이준익 감독의 코믹 사극 <평양성>(2011) 촬영 현장을 찾았다. 15억 원이나 들여 제작했다는 웅장한 평양성 세트장, 수많은 고구려군과 나당연합군 역할을 맡은 보조출연자들 사이에서 모습을 드러낸 정정훈 촬영감독과 반갑게 인사를 나눴다. 경상도(신라군), 전라도(백제군), 평안도(고구려군) 등 팔도 사투리에 중국말(당나라군)까지 더해져 귀가 정신없는 현장 한복판에서도 그는 일사불란했다. 첫 번째 테이크에서 '오케이' 사인을 내릴 만큼 진행 속도가 빠르기로 명성이 자자한 이준익 감독의 촬영 현장은 그야말로 속전속결이었다. 정정훈 촬영감독은 대규모 전장신을 효율적으로 찍기 위해 방향 조절이 자유로운 스콜피오 헤드 위에 카메라를 얹어 사용하고 있다며 손수 시범을 보여주기도 했다. 척하면 척인 정정훈 촬영감독과의 작업이 만족스러웠는지 이준익 감독은 언젠가 이런 농담을 한 적이 있다. "정 촬영감독이 할리우드 도전을 그만두고 빨리 충무로에 돌아와 내 영화를 찍어주었으면 좋겠다.(웃음)" 아무도 못 당하는 너스레다.

　　정정훈 촬영감독만큼 수다를 좋아하는 사람을 보지 못했다. 용건만 간단히 하는 경상도 남자 홍경표 촬영감독과 달리 서울 남자 정 정훈 촬영감독은 자신과 상대방의 안부, 충무로와 할리우드 동향은 물론 사회적 이슈나 팬데믹 등 온갖 주제로 대화하길 좋아한다. 연애 할 때도 10분 이상 통화해 본 적이 없는 나조차도 그와는 30, 40분은 훌쩍 넘기며 전화기 너머로 대화를 나눈다. 그의 첫 할리우드 진출작 이자 아예 할리우드 정착의 꿈을 꾸게 한 영화 <스토커>(감독 박찬욱, 2012)를 시작으로 최근의 <웡카>까지, 10년 넘게 매 작품 인터뷰를 하 고 안부를 물으며 근황을 주고받았다. 전화 통화로 한국과 미국의 거 리 차를 좁힌 셈이다. 그렇게 그와 가깝게 지내면서 알게 된 것이 있다. 많은 사람들이 그가 <올드보이>의 명성에 기대어 하루아침에 할리우 드에서 자리 잡은 줄 알지만 실은 그렇지 않다. <아가씨> 작업이 끝난 뒤 할리우드에 본격적으로 도전하기 위해 말 한 마디 통하지 않는 L.A.로 넘어갔지만, 한동안 일이 들어오지 않아 한국으로 다시 돌아가 는 것을 몇 번씩 고민할 만큼 마음고생을 많이 했다고. (정정훈 촬영감 독이 지금 할리우드에서 잘 나가는 건 첫째도 둘째도 셋째도 형수님 덕분임은 물론이지만, 수다 상대인 내 지분도 조금 있다고 주장하고 싶다.) 당시의 마음 고생을 너무나 잘 알기에 그가 대형 프로젝트를 제 안 받았다고 알려올 때마다 그간의 노력이 합당한 보상을 받는다는 생각이 들어, 감탄을 금치 못한다.

　　　몇 년 전 정정훈 촬영감독이 <스타워즈>의 새 시리즈를 찍게 됐다고 알려왔을 때 정말 놀라웠다. 오 마이 갓… 잘못 들었나 싶어 귀 를 몇 번이나 의심했다. 한국인이, 그가 <스타워즈> 촬영감독이라니! 통화할 때마다 "요즘 한국영화계는 어때요? 언젠가 다시 한국영화계 로 돌아가야죠"라는 말을 입버릇처럼 하는 그에게 늘 이렇게 말한다.

"70대에 <1917>(감독 샘 멘데스, 2019)을 찍은 로저 디킨스 촬영감독처럼 70, 80대까지 할리우드에서 살아남으시라." 진심이다.

정정훈 2:

전화가 왔다. 박찬욱 감독에게서.

2018년 베트남 하노이국제영화제. 그곳에서 만난 중국, 타이, 말레이시아, 싱가포르, 베트남 등 여러 아시아 출신 감독들과 맥주 거리에서 술잔을 기울인 적이 있다. 전도유망한 젊은 영화감독인 그들은 대부분 부산국제영화제 아시아영화아카데미(AFA) 출신으로, 국적도, 나이도, 성별도 제각각이었다. 공통점이라면 한국영화를 보며 성장했다는 사실. 누가 먼저랄 것도 없이 <올드보이>를 술자리 안주로 올리곤 했다. 저마다 장도리 액션 시퀀스며, 최민식의 갈깃머리며, 다양한 패턴으로 장식된 세트 디자인 등 인상적으로 봤던 영화 속 장면을 앞다퉈 얘기했다. 하노이 경찰의 통금령을 알리는 호루라기 소리가 아니었다면 <올드보이>에 대한 그들의 애정 고백은 끝나지 않았을지도 모른다. 생각 이상으로 <올드보이>를 좋아하는 젊은 감독들이 많아서 놀랐고, 개봉한 지 20년이 지났는데도 회자되고 있다는 점에서 또 놀랐다.

"<올드보이>를 가장 좋아한다. 박찬욱 감독의 열렬한 팬이다." 아시아뿐만 아니라 프랑스, 미국 등 지난 10년간 해외 출장을 통해 만난 세계 각국의 젊은 영화인들로부터 심심찮게 들어온 말이다. <올드보이>는 'D.P CHUNG-HOON CHUNG(정정훈 촬영감독의 영문 크레딧)'을 전 세계 씨네필에게 알린 작품이기도 하다. <올드보이>를 찍기 전만 해도 그는 경력이 거의 전무하다시피 한 신인이었다. 동국대에서 연극영화를 전공한 뒤 <유리>(감독 양윤호, 1996)로 촬영감독 데뷔를 하지만 당시로선 일반적이었던 충무로의 도제 시스템을 거치지 않은 탓에 그에게 다음 작품을 촬영할 기회는 쉽게 주어지지 않았다. 제대 하자마자 공포 영화 <찍히면 죽는다>(감독 김기훈, 2000)를 찍었지만 그다음 작품이 제작비 문제로 중단되는 바람에 기약 없이 쉬는 날이 이어졌다. 그러던 그에게 한 통의 전화가 걸려 왔다. <공동경비구역 JSA>(2000)로 흥행에 성공했고, <복수는 나의 것>(2002)으로 전설의 '복수 3부작'을 막 시작한 박찬욱 감독이었다. 박찬욱 감독은 정정훈 촬영감독에게 자신의 신작 <올드보이>를 촬영해달라고 제안했다. 그 날의 통화는 <아가씨>(2016)까지 이어졌다. <올드보이>는 박찬욱 감 독과 정정훈 촬영감독 콤비의 출발점인 셈이다.

<올드보이>는 명장면이 유독 많은 영화다. 그 많고 많은 명장면 중에서도 장도리 액션신은 지금도 전 세계 어디에선가 회자되고 있을 게 분명한, 씨네필을 설레게 한 장면이다. 오대수(최민식)가 장도리 하 나를 손에 든 채 자신이 감금되었던 방을 다시 찾아가 복도를 가득 채 운 수많은 '어깨들'과 대결하는 장면이다. 이 장면에도 숨겨진 비밀이 있다. 콘티 상에선 100여 컷이 넘는 시퀀스였다가, 촬영 직전 현장에서 박찬욱 감독이 과감하게 '원테이크'로 찍기로 결단을 내리면서 지금의 영화 속 장면으로 탄생했다. 사전 약속대로 찍는 지금 촬영 현장에선 감히 시도하기 어려운 박찬욱 감독의 과감한 결정이며, 쓰러지기 직전 까지 촬영을 반복하며 '복수'라는 피로감을 온몸으로 표현해 낸 배우 최민식의 투혼이며 모두 놀랍다. 그 무엇보다 내가 생각하는 이 장면 의 일등 공신은 정정훈 촬영감독의 독보적으로 정교한 카메라 무브다. 이 장면에서 카메라는 좌우로 왔다 갔다 하는 정도로 언뜻 단순하게

움직이는 것처럼 보이지만, 세세하게 뜯어보면 굉장히 치밀하게 계산해 만들어졌다는 걸 알 수 있다.

"AB형 손 들어라. (몇몇이 손을 든다) 어서 가라. 피 많이 흘렸다."

오대수의 말이 끝나기 무섭게 카메라는 수직 돌리로 철웅(오달수)의 머리 위로 올라가 복도를 빽빽하게 채운 '어깨들'을 훌쩍 뛰어넘어 복도 끝까지 한 숏에 담아낸다. 50밀리 망원 렌즈가 담아낸 어깨들의 표정이 꽤 살벌하다. 마술은 곧바로 연결되는 컷에서부터 벌어진다.

카메라가 오른쪽 벽면으로 슬며시 이동하더니, 험상궂은 사내들로 가득 찬 복도를 좌우로 길게 담아내는 것이다. 워낙 컷이 유려하게 전환돼 관객들은 어떤 위화감도 없이 오대수의 장도리 액션신을 조망하게 되며, 순식간에 좁은 복도에서 거의 탈진한 상태로 장도리를 휘두르는 오대수의 고독과 무자비함에 몰입하게 된다. 단순하면서도 결코 심심하지 않고, 격렬하면서도 쓸쓸하도록 고요한 2분 39초의 명장면이다.

2분 39초. 불과 몇 초 만에 끝나는 컷도 허다하단 걸 감안하면 한 컷의 분량으로 결코 짧지 않은 길이다. 중간에 끊어 갈 수 없는 한 호흡으로 이어지는 롱테이크 시퀀스라, NG가 나면 연기도 카메라 무빙도 처음부터 다시 시작해야 해서 난이도가 한층 높을 수밖에 없는 촬영이었다. 컷의 길이만큼이나 여러 촬영 기술이 들어갔다. 이 숏에서 사용된, 카메라가 좁은 복도를 가득 채운 인물들을 한 데 담아낼 수 있는 화각을 확보하기 위해 미술팀은 복도 오른쪽 벽 전부를 허물어야 했다. 하지만 관객은 오른쪽 벽이 없다는 '어색한 사실'을 눈치채지 못한다.

정정훈 촬영감독은 이 촬영을 위해 복도 세트 천장 위에 트랙을 설치했다. 그 트랙에 사람이 탈 수 있는 철제 '아시바', 즉 비계를 달았다. 거기에 키그립팀까지 다 같이 올라타서 수평 트래킹으로 배우를 따라가며 장도리 액션신을 찍었다. 오대수의 일당백 장도리 액션신은 카메라가 배우들의 움직임에 따라 함께 호흡하는 듯한 밀착감을 화면 너머까지 선사한다. 그것은 정정훈 촬영감독이 직접 카메라를 든 채 키그립팀이 특수 제작한 레일을 타고 좌우 수평으로 이동하며 찍었기 때문에 얻을 수 있는 결과물이었다.

화면의 색감도 주목할 만하다. "24밀리 카메라 렌즈 앞에 그러데이션 필터를 부착해 화면 위아래에 입체감을 주었고, 천장 위에 설치한 형광등 빛을 푸르스름한 톤으로 표현해 거칠고 황량한 분위기를 만들었다"고 정정훈 촬영감독의 설명했다. 또한 후반작업에서 '블리치 바이패스'를 시도해 채도를 낮추는 동시에 콘트라스트를 강하게 해 질감을 더 드러내기도 했다. 장도리를 휘두를 때마다 눈에 띄게 커져가는 오대수의 피로감은 이처럼 정정훈 촬영감독의 정교한 계산 덕분에 더욱 고독하게 표현되어 보는 이들의 연민을 자아낸다.

<올드보이>에서 개인적으로 좋아하는 정정훈의 촬영은 오대수가 감금방에서 처음 만난 자살남(오광록)의 넥타이를 붙잡는 오프닝 시퀀스부터 만취한 오대수가 경찰서에서 온갖 주사를 부리다가 나온 뒤 공중전화 박스에서 갑자기 사라지는 영화의 초반부다. 해를 등진 카메라가 오대수의 얼굴을 향해 움직이는 영화의 첫 장면은 조영욱 음악감독의 음악과 박진감 넘치게 조우한다. 만취한 오대수의 낯부끄러운 난동을 보여주는 경찰서 시퀀스는 오대수의 허당적인 면모로 인해 코믹하게 보인다. 하지만 한편으로는 핸드헬드로 흔들리는 카메라가 앞으로 벌어질 불길한 일을 암시한다. 작은 소동 끝에 오대수는 경찰

서에서 풀려나고, 그를 찾아온 친구 주환(지대한)과 함께 공중전화 박스에 들어가 딸과 통화를 한다. 딸과의 통화를 끝내고 오대수가 카메라 프레임 밖으로 퇴장하면, 그 자리에서 주환이 대수의 아내와 통화를 하고, 그 모습을 바라보던 카메라가 공중전화 박스 밖으로 패닝 하면 오대수는 온데간데없이 사라지고 없다. 컷 분할 없이 패닝 하나만으로 오대수가 납치되는 상황을 간결하게 표현하는 세련된 시퀀스다.

<올드보이>는 연출도 미술도 의상도 분장도 편집도 음악도 심지어 배우의 연기까지도 양식적인 스타일임에도 촌스러운 구석이 한 군데도 없는 영화다. 정정훈이 보여준 촬영 역시 강산이 두 번이나 바뀐 지금 봐도 근사하다. 영화 속 카메라는 잠시도 가만히 있지 않는다. 주요 시퀀스 대부분에서 패닝숏, 돌리숏, 크레인숏 등 다양한 무빙을 선보이며 카메라는 상하좌우로 끊임없이 움직인다. 정정훈의 카메라는 오대수가 영문도 모른 채 납치된 뒤 15년 동안 정체 모를 곳에 감금되고, 그곳에서 나와 자신의 과거에 대한 열쇠를 쥐고 있는 이우진(유지태)을 찾아 나서는 여정에 강렬한 에너지를 불어넣으며 관객을 아주 깊숙한 곳까지 이끌어 안내한다.

당시 정정훈이 신인인데도 카메라를 과감하게 움직일 수 있었던 건 어쩌면 그와 함께 영화의 '비전'을 구현한 여러 스태프의 조력 덕분인지도 모른다. <엽기적인 그녀>, <복수는 나의 것>, <클래식> 등 수많은 영화에서 빛을 표현했던 베테랑 박현원 조명감독이 신인 촬영감독 옆을 든든하게 지켰다. 박현원 조명감독은 오대수가 갇힌 감금방을 비롯한 주요 공간의 빛을 그린톤으로 설계해 <올드보이>의 긴장감을 계속 고조시켰다. 류성희 미술감독의 프로덕션 디자인 또한 오대수가 15년 동안 갇힌 감금방, 미도의 집 등 주요 공간의 벽을 패턴으로 표현

해 인물의 불안감을 드러냈다. 쓰리 버튼 정장이 대세이던 그때 그 시절, 조상경 의상감독이 제작한 오대수의 투 버튼 정장은 시대를 확실히 앞서간 선택이었다. 게다가 배우가 난색을 보이는데도 박찬욱 감독을 설득해 오대수의 갈깃머리로 기어코 밀어붙인 송종희 분장감독까지. 명실상부 '박찬욱 사단'의 출발점이었던 <올드보이>에서 정정훈 촬영감독 역시 빛나는 존재감으로 활약했다.

"되돌아보면 <올드보이>를 어떻게 찍었는지 모르겠다. 예산이 넉넉한 편이 아니었는데도 모두가 엄청난 에너지를 쏟아부었던 것 같다." 정정훈 촬영감독의 회상대로 <올드보이>는 제작진과 배우의 어마무시한 에너지가 스크린 밖으로 고스란히 전해지는 영화다. 이 괴물 같은 영화로 박찬욱 감독과 정정훈 촬영감독의 영화적 여정이 본격적인 막을 연다.

정정훈 3:

20대 촬영감독의 파격적 등장,

'보이콧'이란 역풍을 맞다.

"별일 없죠? 나 런던에 왔어요." 2021년 11월1일. 정정훈 촬영감독으로부터 전화가 왔다. 불과 며칠 전 L.A.에서 디즈니플러스의 새로운 <스타워즈> 시리즈인 <오비완 케노비>(감독 데버라 차우)의 촬영을 마친 그가 런던에 있다니. "<웡카>(감독 폴 킹)라는 영화의 촬영을 갑자기 맡게 됐어요. 아직은 <찰리와 초콜릿 공장>의 프리퀄이라는 사실 말고는 잘 모르지만." 워너브라더스가 제작하는 <웡카>는 <찰리와 초콜릿 공장>의 프리퀄이다. 세계에서 가장 유명한 초콜릿 공장이 열리기 전, 어린 시절의 윌리 웡카(티모시 샬라메)와 그의 모험을 환상적으로 펼쳐낸 이야기다. 국내에서는 2024년 3월에 개봉했다. 얼마 전 한국영상자료원에 가서 그의 데뷔작인 <유리>를 VHS로 봤다고 말했다. 그는 반가워하며 "다음에 가면 혹시 <초록별을 지켜라>(1992)와 <초록별의 몰락>(1994)이 영상자료원에 있는지 확인해 줘요."라고 부탁했다. 두 편 모두 처음 들어본 제목이었다.

<초록별을 지켜라>와 <초록별의 몰락>은 동국대 연극영화과 재학 시절 정정훈 촬영감독이 각본을 쓰고 연출한 단편영화다. 이 두 영화는 장준환 감독의 등장을 알린 영화 <지구를 지켜라!>가 탄생하는 데 많은 영향을 끼친 작품으로 알려져 있다. 정정훈은 촬영감독으로 경력을 시작하기 전에 이미 알 만한 사람들은 다 아는 재능있는 연

출자로 이름을 먼저 알린 셈이다. 그보다 더 독특한 이력도 있다. 사실 정정훈의 첫 번째 커리어는 배우였다. 다섯 살 때 동양방송(TBC) 아역 탤런트로 연기 경력을 시작해 <가는 정 오는 정>, <훈이 삼총사[5]>, <개구장이 철이>, <영화의 일기> 등 여러 드라마에 출연해 KBS 연기상을 받았었다. 그러니까 카메라 뷰파인더를 보기 전에 그는 이미 카메라 앞에 선 것이다. 언젠가 박찬욱 감독에게 정정훈과 줄곧 같이 일을 하는 이유가 무엇인지 물은 적이 있다. 박찬욱 감독은 이렇게 대답했다. "아역 배우 출신이라 그런지 배우 입장에서 생각할 줄 알고, 단편이나마 연출 경험이 많아서 그런지 감독 입장에서 볼 줄 안다. 젊은 날의 나를 능가하는 일 중독자이기도 하다. 무엇보다 웃긴다."

배우, 연출자를 거쳐 정정훈 촬영감독이 촬영감독으로서 충무로에 처음 이름을 알린 작품은 같은 대학 선후배 사이인 양윤호 감독의 장편 영화 연출작 <유리>다. 감독도, 주인공 유리를 연기한 배우 박신양도, 여자 주인공인 누이 역을 맡은 배우 이은정도 모두 동국대 연극영화과 학생이었다. 촬영감독으로 기용된 정정훈도 당시 동국대 연극영화과 4학년에 재학 중이었다. 지금의 시선으로 봐도 파격적인 행보이니, 당시로선 엄청난 '사건'이었을 수밖에. 철저한 도제 시스템으로 10년을 조수로 일해야 겨우 카메라를 잡을 수 있었던 당시 충무로의 관례를 깬 것이다.

박상륭 작가의 소설 『죽음의 한 연구』를 원작으로 한 <유리>는 수도승 유리(박신양)가 40일간의 구도의 길을 떠나면서 벌어지는 이야기로, 인간의 욕망과 그 속성, 그것을 짊어지고 살아가야 하는 '인간이라는 운명'을 그려낸다. 이 영화에서 정정훈의 카메라는 형식적으로도

---

5 주인공을 맡은 세 아역 배우가 김정훈, 안정훈, 정정훈으로, 모두 이름이 '훈'자로 끝난다.

내용상으로도 서사를 힘 있게 끌고 나간다. 주인공 유리가 걸어가는 구도의 길을 주로 롱숏이나 풀숏으로 담아내며, 유리의 감정과 몸짓을 새벽, 아침, 점심, 해 질 녘, 밤 등 해의 움직임에 자연스럽게 맞춰 나가는 것도 인상적이다. 과감한 장면도 있다. 가령, 유리가 자만심에 사로잡힌 존자승과 편견에 빠진 애꾸승을 종교적 신념에 따라 살해하는 장면에서 카메라는 역광과 클로즈업숏을 활용해 강렬한 이미지를 만들어낸다. 틀에 갇히지 않은 <유리>의 힘 있고 혈기 왕성한 촬영은 당시 충무로에 정정훈이라는 20대 촬영감독의 등장을 제대로 알렸다.[6] 하지만, 그에게 돌아온 건 '명성'이 아닌 '보이콧'이었다.

　　몇 년 전 정정훈, 홍경표 두 촬영감독을 모시고 <아가씨>와 <곡성>을 주제로 대담을 진행한 적 있다. 그 자리에서 홍경표 촬영감독이 <유리>를 인상적으로 봤다고 하니, 정정훈 촬영감독이 <유리> 이후 찍은 공포 영화 <찍히면 죽는다>(2000)의 후반작업 중 홍경표 촬영감독을 만난 에피소드를 이야기해주었다. "그때 경표 형이 이렇게 말했다. <유리> 같은 멋진 예술 영화를 찍어놓고 다음 영화로 <찍히면 죽는다> 같은 촬영감독의 역할을 발휘하기 힘든 작품을 선택했냐고. 남의 속도 모르고, 난 돈이 필요했던 건데. 변명할 기회도 안 주고 현상소 2층에서 본인 할 말만 하고 가버리셨다. 사실 <유리> 이후에 5년 동안 쉬었다. 작품이 안 들어왔다. 도제 시스템을 거치지 않았다는 이유로 보이콧을 심하게 당했다. 장비를 빌려주는 곳도 없었다. 당연히 돈을 못 벌었다. 당시 연 수입이 70만 원밖에 안 됐을 정도다. 뭐라도 해야겠다 싶어서 뮤직비디오도 찍었다. 그래도 영화가 하고 싶었다. 그러면서

6　정정훈 촬영감독의 <유리>는 VOD나 DVD로 나오지 않아 한국영상자료원 영상도서관에서 볼 수 있다. 아쉬운 점은 오래된 VHS로 감상하니 푸른 톤의 이미지나 해의 쨍한 색감이 뭉개져 색감을 온전히 감상하기 어려웠다는 한계가 있었다는 사실.

도 경표 형이 한 얘기가 자꾸 생각나더라. '나랑 안 맞는 걸 찍다가 욕 먹지 말고, 때를 기다리자'고 생각한 것도 그래서다." 그렇게 묵묵히 때를 기다리던 정정훈 촬영감독에게 박찬욱 감독이 전화를 건 것이다. <올드보이>를 함께 하자는 그 전화를 말이다.

PART 2

"으앗. 리즈 시절. 저런 시절이 있었는데." <다만 악에서 구하소서>
(감독 홍원찬, 2020) 개봉 전, 회사 자료실에서 '고대 유물'을 발견했다.
그것은 『씨네21』에 처음 소개된 홍경표 촬영감독에 관한 기획 기사
(1999년 8월 24일 자 발행자)였다. 무려 강산이 두 번 바뀌는 세월 전
이었다. '언더그라운드 펑크의 심해에서 온 빛'이라는 기사 제목이 결
코 과하지 않게 여겨지는 샛노란 머리카락에 앳된 얼굴을 한 젊은 홍
경표 촬영감독의 사진이 무척 낯설었다. 온라인에 공개되지 않은 이
기사를 휴대폰 카메라로 찍어서 보내주었더니 그도 신기해했다. 당시
『씨네21』이 서른일곱 살의 신인 촬영감독에게 4페이지씩이나 할애하
는 일은 흔한 사건이 아니었다. 그때 그는 <하우등>으로 혜성처럼 등
장해 <처녀들의 저녁식사>, <유령>을 찍으며 개성 강한 촬영으로 막
주목받기 시작하던 때였다.

　　　　장르도 소재도 감독도 제각각이지만 <처녀들의 저녁식사>와
<유령> 두 영화에는 공통점이 있다. 신인 감독(임상수, 민병천)의 상업
영화 데뷔작이자 우노필름이 제작한 영화라는 사실이다. 우노필름은
<깡패수업>(감독 김상진, 1996), <비트>(감독 김성수, 1997), <태양은
없다>(감독 김성수, 1998), <8월의 크리스마스>(감독 허진호, 1998),
<플란다스의 개>(감독 봉준호, 2000), <킬리만자로>(감독 오승욱,

2000) 등을 제작하며 충무로에 신선한 바람을 불러일으켰던 차승재 대표가 설립한 회사다. 재능 있는 신인 감독 발굴과 트렌디한 기획력으로 작품성과 오락성 두 마리 토끼를 모두 잡으며 당대를 풍미했던 제작사 싸이더스의 전신이다.

신인이나 다름없던 홍경표 촬영감독이 우노필름의 영화를 연이어 찍을 수 있었던 건 차승재 대표의 든든한 지원 덕분이었다. 홍경표 촬영감독은 친구 정희연의 소개로 차승재 대표와 인연을 맺었다. 정희연은 홍경표 촬영감독이 이석기 촬영감독의 촬영부 막내로 참여했던 영화 <추락하는 것은 날개가 있다>(감독 장길수, 1990)에서 만났다. 당시 차승재 대표는 제작부장이었다. 세 사람은 "한동안 동거할 만큼 친하게 지냈다"고 한다.

우노필름과 첫 번째로 작업한 영화는 <처녀들의 저녁식사>이다. 임상수 감독이 각본을 직접 쓰고 연출한 작품으로, 호정(강수연), 연(진희경), 순(김여진) 등 하는 일도, 성격도 다른 세 미혼 여성의 성 담론을 솔직하게 그려낸 영화다. 이 영화에서 홍경표 촬영감독은 세 주인공을 생생하게 담아내며 변화하는 젊은 여성들의 성에 대한 생각과 고민을 그린다. 그의 카메라는 세 여성이 등장하는 거의 모든 장면을, 심지어 넓지 않은 실내 공간에서조차도 핸드헬드로 인물의 감정을 집요하게 따라잡는다. 색감도 좀 더 감정을 잘 드러내는 방향으로 구현하고 있다. 회사, 학교, 야외 등 공적 공간은 색감이 차가운 블루톤이지만, 여성들의 집은 옐로톤으로 따뜻하게 그려낸다. 색감이 명확하다고 해서 현란하고 자극적인 룩인 것은 아니다. 일례로 개봉 당시 화제가 됐던 섹스신은 인상적이고 과감하지만, 단지 선정적이기만 한 것은 아니다. 아마 화면의 색감이 채도가 낮은 영향이 있을 것이다. 비록

일각에서는 여전히 남성의 시선에서 벗어나지 못했다고 비판하기도 했지만, 카메라가 세 여성의 욕망과 감정을 솔직하게 담아내려고 애쓴 흔적이 비친다. 영화는 홍경표 촬영감독의 말대로 "현대적이고 도시적인 이야기지만 투박하고 세련된 촌스러움을 추구"하고 있다. 이러한 정서를 표현하기 위해 그는 현상 과정에서 은을 입혀 채도를 낮춰 탁한 이미지로 만들었다고 밝히기도 했다. 또 한 가지 주목할 만한 점은 코닥 필름 대신 후지 필름을 선택했다는 것이다. 코닥 필름 사용이 당연시되던 당시 충무로에서 후지 필름으로 촬영한 한국영화는 <처녀들의 저녁식사>가 거의 처음이었다.

감도가 아무리 좋은 필름이라도 조명이 없으면 무용지물이고, 카메라가 아무리 신제품이라도 '룩'을 신경 쓰지 않으면 소용없다. <처녀들의 저녁식사>로 합을 맞춘 후 차승재 대표는 홍경표 촬영감독을 더욱 전폭적으로 신뢰하고 지원하기 시작했다. 바로 <유령>에서였다. 본격적으로 한국영화의 '룩'을 야심 차게 열기 시작한 것이다.

사실 한국영화가 룩에 신경 쓴 지는 얼마 되지 않는다. 과거 한국영화는 몇몇 거장 감독을 제외하고 색감이나 콘트라스트를 특별히 신경 쓰지 않았다. 마침 <유령>을 만든 시기는 한국영화 촬영에서 기술적 변화가 급격하게 일어나고 있었던 때였다. 그런 배경에서 나타난 <유령>은 핵 잠수함 '유령'이 실제로 심해 600미터에서 부유하는 것처럼 표현해 내어 모두를 놀라게 했던 작품이다. 요즘이야 잠수함이 등장하는 장면에 VFX로 덧칠하거나 능수능란한 특수효과팀을 동원하여 진짜 같은 효과를 내는 게 비교적 수월하겠지만, 그때는 예산이 넉넉했던 것도 아니고, 디지털도 아닌 필름이며, 누구도 잠수함 장면을 촬영해 본 적이 없는 데다가 VFX 또한 걸음마 단계였다. 말 그대로 모든 시도가 처음이었다. 더군다나 한국의 핵 잠수함이 심해 600미터 아래에서 일본 잠수함을 노린다는 설정 또한 '만화' 같았으니, 홍경표 촬영감독의 말처럼 하나부터 열까지 "기술적 퀄리티를 높여보겠다는 욕심으로 만든, 기술이 없으면 성립되지 않는 영화"였고, 다른 말로는 '무모한 도전'이었다.

홍경표 촬영감독은 "촬영을 시작하기까지 꼬박 열 달 동안 딴 생각을 하지 않았다. 처음 테스트에 실패했을 때 무모한 도전이 아닌 가 하는 회의도 들었지만 오기를 냈다"며 "최대한 지원해 줄 테니까 하는 데까지 한번 해보라고 밀어준 차승재 대표의 뚝심이 큰 힘이 됐 다. 거듭되는 테스트를 통해 가능성이 보이기 시작하니까 뭔가 조금씩 되고 있다는 생각이 들었다"고 당시를 떠올렸다. 그 열 달 동안 그가 도출한 결론이 있다. 이 영화의 촬영은 "색은 화려하지만 무겁게 가야 한다"는 판단이었다. 이 결론을 위해 그는 테스트에만 필름 3만 자를 사용했다고 한다. 보통 영화의 두 배 남짓한 필름 분량을 테스트 하는 데 쓴 것이다. 필름 3만 자 분량의 시행착오를 거친 후 마침내 홍경표 촬영감독은 잠수함의 전체 공간을 인공조명으로 설계하고, 잠수함의 방마다 각기 다른 색감으로 찍겠다는 원칙을 세웠다. 만화 같은 콘셉트를 극대화하기 위해서였다.

<유령>의 촬영은 기본적으로 색감이 요란하지 않은 모노톤을 유지하되 주요 시퀀스나 잠수함의 방을 각기 다른 톤으로 펼쳐낸다. 상관 살해죄로 사형 선고를 받은 이찬석(정우성)이 431이 되어 비밀 잠수함 유령에 탑승해 202(최민수)를 처음 만났을 때는 모노 블루톤 으로, 핵 잠수함 유령이 처음 등장할 때는 모노 브라운톤으로, 431과 202가 부딪치고 싸울 때는 잠수함 곳곳의 보색 대비를 극대화한 그린

톤과 레드톤으로 구현했다. 다양한 색깔의 빛들이 총동원된 덕분일까. 폐쇄된 잠수함 공간이 전혀 심심하지 않고, 202와 431의 감정과 갈등이 더 입체적으로 표현돼 서스펜스를 구축하는데 적지 않은 영향을 끼쳤다. 특히 잠수함에서 반란을 일으킨 최민수의 '살 떨리는 연기(자세히 보면 눈 근육까지 미세하게 떨린다!)'가 아주 섬세해 감탄사가 절로 나온다.

개인적으로 인상적인 장면은 핵 잠수함 유령이 심해를 부유하는 바닷속 시퀀스다. 실제로 깊은 바닷속에 들어가서 찍은 게 아닐까 싶을 만큼 사실적이고, 생생하다. 25분가량의 바닷속 장면을 구현하기 위해 홍경표는 국내 최초로 스모그를 이용한 '드라이 포 웨트(Dry for Wet)' 기법을 시도했다. 드라이 포 웨트는 물 한 방울 없는 공간에서 심해 효과를 내는 기법으로, 촬영 때 스모그와 컬러 필터, 조명 등을 적절히 활용하고 이후 특수효과로 파도와 물거품을 더한다. 당시 홍경표는 심해를 생생하게 구현하기 위해 "반사노출계를 가지고 다니면서 그레이 농도를 미친 듯이 써놨고, 그때 자료가 아직도 집에 있다(웃음)"고 말했다.

그의 과감한 도전은 홍경표 촬영감독에게 '『씨네21』 선정 올해의 촬영감독' 타이틀을 선사했다. 당시 그의 경쟁자가 <인정사정 볼 것 없다>(감독 이명세, 1999)의 정광석, 송행기 촬영감독, <해피엔드>(감독 정지우, 1999)의 김우형 촬영감독, <이재수의 난>(감독 박광수, 1999), <태양은 없다>의 김형구 촬영감독, <텔 미 썸딩>(감독 장윤현, 1999)의 김성복 촬영감독이었다. 다시 봐도 쟁쟁한 이름들이다. 홍경표 촬영감독에게도 이 시기는 큰 의미로 남아있지 않을까 싶다. 그는 <처녀들의 저녁식사>와 <유령>을 찍기 전에 살던 홍대 근처 반지하 방

벽에 칸영화제 포스터를 붙여놓고 언젠가 칸에서 상을 받겠노라 꿈을 키웠다. 정확히 20년 뒤에 일어날 '어떤 일'을 향한 노력은 이미 그때부터 시작됐던 것이다.

매번 다르게, 내 스타일을 지워라!

"대체 홍경표가 누구야?" <하우등>과 <처녀들의 저녁식사>가 1998년 열린 제3회 부산국제영화제 뉴커런츠 부문에서 첫선을 보이자 충무로의 관심은 홍경표 촬영감독에게 쏠렸다. 고레에다 히로카즈 감독의 <원더풀 라이프>(2001)와 지아장커 감독의 <소무>(1999)가 포함된 뉴커런츠 부문 상영작 중에서 한국영화는 두 편이었는데, 심지어 그 두 편이 같은 촬영감독의 작품이었기에 그에 대한 관심이 높아진 건 어쩌면 당연하다. 차승재 대표가 영화제 기간 중 해운대에서 만난 홍경표 촬영감독에게 <유령>의 촬영감독을 맡긴 것도 그의 실력을 인정하고 일찌감치 선점하려는 목적이 컸으리라.

　　봉준호, 장준환, 최익환 감독과의 인연도 그때 시작됐다. 그들과 영화 얘기를 주고받으며 활발하게 교류했다. 홍 촬영감독은 당시를 생생하게 떠올린다. "한국영화아카데미 졸업영화제에 가서 봉준호 감독의 <지리멸렬>(1998), 장준환 감독의 <2001 이매진>(1994)을 봤다. 정말 잘 만들었다고 감탄했던 기억이 난다." 그렇게 여러 영화인들과의 인연을 넓혀가며 홍경표 촬영감독은 <조용한 가족>(1998)으로 성공적인 데뷔를 한 김지운 감독의 두 번째 영화 <반칙왕>(2000), 이현승 감독의 멜로 드라마 <시월애>(2000), 이재용 감독의 <순애보>(2000), 장진 감독의 <킬러들의 수다>(2001) 등 다양한 장르의 작품을 차례로 찍었다. 흥미로운 건 매번 다른 감독과 작업했다는 사실이다. 우연인지 아니면 의도인지 그에게 물었더니, 홍경표 촬영감독은 이렇게 대답했다. "그런 생각을 했다. 열 편을 채울 때까지는 기회만 된다면 다양한 장르와 감독에 도전해 보고 싶다고. 한 감독과 두 번은 안 하겠다고. 촬영감독에게는 '자신만의 룩'이 있다. 예를 들면 로버트 리처드슨. 자신만의 또렷한 룩에 그때그때 다른 감독의 스타일을 합치는 식으로 작업한다. 나는 반대로 가기로 했다. 설령 독이 될 수 있을지라도, 작품마다 다르게 찍고 내 톤을 없애자고 결심을 했다. 한 스타일로 오래 못 버틴다는 걸 안 거지."

매년 한두 편씩 꾸준하게, 그것도 매번 다른 스타일을 만들어내는 건 쉬운 일이 아니다. 그는 잠시도 멈추지 않고 새로운 기술적 도전을 그치지 않았다. 그의 초기작 중에서도 <챔피언>(감독 곽경택, 2002), <지구를 지켜라!>(감독 장준환, 2003), <태극기 휘날리며>(감독 강제규, 2004)는 테크니션으로서 기술적인 성취를 거두었던 작품이라 특히 살펴볼 필요가 있다.

⚡

박진감 넘치는 권투 시합 구현
—개각도 촬영과 고속 촬영

<챔피언>은 1982년 라스베이거스에서 열린 세계 챔피언 타이틀전에서 세상을 떠난 고 김득구 선수의 일대기를 담은 영화다. 전작 <친구>(2001)로 흥행에 성공한 곽경택 감독과의 첫 작업이었다. 홍경표 촬영감독에게 주어진 과제는 크게 두 가지였다. 하나는 시간적 배경인

1970년대 후반부터 1980년대 초반까지의 풍경을 스크린에 사실적으로 펼쳐내야 한다는 것이고, 또 하나는 권투 시합이 진짜처럼 실감 나야 한다는 것이었다. 개인적으로 몇 번을 봐도 볼 때마다 몰입하게 되는 시퀀스가 있다. 김득구(유오성)가 권투선수로서 승승장구하는 '12경기 몽타주 시퀀스'다. 1970년 10월 김용대 선수와의 시합부터 1981년 12월 오쿠보 가쓰히로 선수와의 동양 챔피언 타이틀전까지 11년간의 김득구 선수의 권투 시합을 몽타주로 쭉 이어 붙인 긴 시퀀스다. 권투선수 김득구의 성장을 한 눈에 보여주는 게 주요 관전 포인트라 권투 시합이 진짜 같아야 했다. 홍경표 촬영감독이 이 시퀀스를 설계할 때 정한 원칙은 "매 시합 다르게 보여줘야 한다는 것"이었다.

이 시퀀스에서 카메라는 처음에는 링 바깥에서 김득구와 상대선수를 담아내다가, 경기가 계속될수록 링 안으로 들어와 인물에 점점 가까이 다가가며 김득구와 그가 벌이는 시합을 밀착적으로 담아낸다. 몽타주가 거듭될수록 김득구라는 인물에 점점 몰입해가는 것처럼 말이다. 여러모로 뜯어볼 게 많은 시퀀스지만, 가장 먼저 눈에 띄는 것은 단연 조명이다. 하이라이트 광원을 사용하여 링 안을 환하게 비추고, 경기장 천장 네 면 모두 조명을 달았다. 반면 관중석은 암전으로 검게 날리는 콘셉트로 설계됐다. 보통 링 안팎에서 관중의 흥분과 경기의 열기를 골고루 담아내는 할리우드 영화와 달리 이 영화의 경우 주요 조명을 링에 집중시켰다. 링 위에 하이라이트 조명을 달아서 두 선수와 심판을 확실히 조명하며 경기와 인물에 주목도를 높인 것이다. 현실적인 문제도 있었다. 넉넉지 않은 예산 때문에 관중을 연기할 보조출연자들을 많이 섭외할 수 없었던 것이다. 이 문제를 해결하기 위해 했던 조명 설계가 오히려 이 작품만의 미학을 만들어냈다는 점도 재미있다.

촬영 기법도 유심히 살펴볼 만하다. 많은 영화에서 권투 시합 중계를 보여줄 때 링 위의 두 선수와 그들을 응원하는 관중들을 한데 보여주는 풀숏과 두 선수를 가까이서 담아내는 미들숏 내지는 클로즈업숏을 번갈아 배치하기 마련이다. 하지만 홍경표 촬영감독은 기존의 공식 대신 '개각도 촬영'과 '고속 촬영'을 활용하여 마치 권투 영화의 새로운 교본과도 같은 장면을 만들어냈다. 개각도 촬영의 원리는 이렇다. 사진을 찍는 카메라에는 셔터가 닫혔다 열리면서 빛이 들어오는데, 영화를 찍는 카메라의 경우 미러가 돌면서 상이 필름에 맺힌다. 미러는 180도, 반달 모양이다. 이 미러가 일정 속도로 돌아가면서 움직임을 부드럽게 포착한다. 이때 미러의 각도를 90도, 45도, 25도로 줄이면 움직임이 분절적으로 보이게 되는데, 이 덕분에 움직임이 극대화된다. 이 두 가지 기법으로 완성한 '12경기 몽타주 시퀀스'에는 바람보다 빠른 선수들의 주먹과 움직임, 선수의 얼굴에서 떨어지는 땀방울까지 세세하게 담아내 관객으로 하여금 화면에서 눈을 떼지 못하도록 한다.

<챔피언>에서 언급하고 싶은 또 다른 장면은 김득구가 세계 챔피언 맨시니에 도전장을 내민 미국 라스베이거스 경기 장면이다. 여기에서는 앞서 관객석을 암전 처리 했던 몽타주 시퀀스와는 달리, 세계 챔피언과의 시합답게 링 바깥이 수많은 관중으로 가득 차 있다. 이 관중의 상당수는 VFX로 만들어 냈다. 이 VFX 관객들은 VFX인지 실제 보조 출연자인지 분간하기 어려울 만큼 완성도가 높다. 지금은 흔한 작업이지만 그때만 해도 처음 시도하는 작업이었고 게다가 이 정도 퀄리티로 완성했으니, <챔피언>은 당시 한국 VFX의 쾌거라 할만하다. 얘기가 나와서 말인데 <챔피언>과 류승완 감독의 <주먹이 운다>가 내 '최애' 한국 권투 영화다.

⚡

블리치 바이패스, 실버 리텐션,
디지털 컨버팅 등 다양한 시도를 아낌없이
쏟아부은 <지구를 지켜라!>

지난 2018년, 홍경표 촬영감독은 장준환 감독과 함께 16년 만에 <지구를 지켜라!>를 4K로 전환하는 작업을 했다. '오랜만에 <지구를 지켜라!>를 다시 보니 어떻던가'라는 내 질문에 그는 이렇게 말했다. "4K 변환 작업은 색보정만 새로 했다. 오랜만에 영화를 다시 보면서 장준환 감독과 옛날 얘기를 실컷 했다. 이 영화에 온갖 '장난'을 쳤더라. 필름을 가지고 '블리치 바이패스'를 포함해 네거티브 필름, 실버 리텐션[7]은 물론이고, 심지어 비디오로 찍어 디지털로 컨버팅하는 등 별걸 다 한 거다." 당시까지만 해도 촬영감독이 현상소에 간다는 것은 필름으로 촬영한 '그림'을 확인하기 위해서였는데, 홍경표 촬영감독은 단지 무엇이 어떻게 찍혔는지를 확인하는 걸 넘어 다양한 특수 현상으로 미장센의 실험을 시도한 것이다. 이는 상업 영화 촬영감독으로서는 보기 드문 애착이었다 할 수 있겠다.

　그의 말대로 장준환 감독의 데뷔작인 <지구를 지켜라!>는 홍경표 촬영감독에게 촬영 기술적으로나 촬영 시스템 면에서나 다양한 시도를 원 없이 했던 영화다. 이 영화에서 홍 촬영감독은 당시로서는 파격적이었던 DP 시스템을 꺼내 들었다. DP 시스템(Director of Photography System)은 촬영감독이 촬영팀뿐만 아니라 조명팀과 그립팀을 관장하는 체계. 여기서 잠시 DP 시스템을 설명하면, 작품의 전반적인 빛과

---

7 필름에 은 입자를 많이 남겨서 현상하는 기법

미장센을 설계하는 촬영감독을 중심으로 각자의 역할이 다음과 같이 나뉜다. 일단 촬영팀은 크게 포커스 풀러, 개퍼로 구성된다. 촬영감독의 오른팔 격인 포커스 풀러는 피사체(인물, 사물, 배경)와 카메라 사이의 거리를 측정해, 포커스를 맞춘다. 개퍼는 촬영감독이 설계한 빛을 촬영 현장에서 조명팀을 지휘해 구현한다. '막내'는 카메라, 렌즈, 그 외의 촬영 장비 전반을 관리한다. 조명팀은 개퍼의 지휘를 받아서 조명을 세팅한다. 그립팀은 레일, 스테디캠 같은 특수 촬영 장비를 운용한다. 촬영감독이 이 모든 팀을 지휘하는 게 DP 시스템의 핵심이다. (작품과 신 규모에 따라 구성이 조금씩 달라질 수 있다.) 이 시스템은 할리우드에서는 널리 사용됐지만, 조명팀과 그립팀은 별개 체계로 운용하던 것이 충무로의 관행이었다. 지금도 촬영감독과 조명감독이 각각 존재하는 현장 풍경을 고려했을 때, 일찍이 할리우드 시스템을 도입했던 건 파격적이라 할만하다.

홍경표 촬영감독은 시스템뿐만 아니라, 코닥 필름 사용이 당연시되던 그때 후지 필름을 선택해 주목을 끌기도 했다. "색이라는 건 상대적인 건데 천편일률적으로 코닥 필름만 사용하는 게 이해가 되지 않았다. 물론 코닥 필름이 그만큼 시장 점유율이 높은 회사이긴 했지만 말이다. 후지 필름만이 구현할 수 있는 톤이 있고, 그래서 필요에 따라서 후지 필름을 선택하곤 했다." 한국영화에서 후지 필름을 쓴 것 또한 <처녀들의 저녁식사>가 처음이다.

잘 알다시피 <지구를 지켜라!>는 어디로 튈지 종잡을 수 없는 럭비공 같은 영화다. 병구(신하균)가 강사장(백윤식)을 납치해 고문하는 현재와 병구의 어린 시절인 과거를 수시로 넘나든다. 장르적으로도 스릴러, 범죄 영화, 심리 드라마, 멜로 드라마 등 여러 장르를 자유롭게 오간다. 그러다 보니 영화의 여러 얼굴을 일관된 톤으로 찍는 게 홍경표 촬영감독에게 주어진 과제였을 것이다. 주 무대가 병구의 집이라는 한정된 공간이지만 카메라 움직임이 많아 이야기가 조금도 지루할 새가 없다. 과거 장면, 그리고 순이가 병구를 떠나는 시퀸스는 필름에 은입자를 많이 남기는 현상 방식(실버 리텐션)을 사용해 강사장을 잔혹하게 고문하는 현재와 구분했다. 병구의 클로즈업숏도 강렬했다. 이마부터 턱까지 잡는 보통 클로즈업숏과 달리 <지구를 지켜라!> 속 병구의 클로즈업숏은 머리는 전부 자른 채 눈썹 아래로만 카메라에 담았다. 일반 렌즈로는 포커스를 맞출 수 없어, 매크로 렌즈를 많이 사용해 인물에 아주 가깝게 들어가 찍은 장면이라고 한다. 영화를 볼 때마다 병구의 얼굴이 유독 슬퍼 보였던 것이 단지 애절한 이야기의 힘 때문만은 아닐 것이다.

✦

당대 최고의 전쟁 블록버스터
<태극기 휘날리며>

홍경표 촬영감독의 열 번째 작품인 <태극기 휘날리며>는 그의 기술력과 경험을 총동원했던 전쟁 블록버스터다. 관객이 진태(장동건)나 진석(원빈) 형제의 시점이 되어 생지옥이나 다름없는 전쟁 한복판에 선 기분을 느끼는 건, 크게 핸드헬드, 개각도 촬영, 이미지 셰이킹[8] 세 가지 기술 덕분이다. <챔피언>과 <지구를 지켜라!>에서 이미 시도한 바

---

8 카메라 밑에 놓고 진동을 주는 장치. 외국에서 대여하려고 했으나 3주 이상 렌트가 안된다고 해서 송선대 기사가 청계천에서 모터를 구입해 한달 만에 직접 만들었다고 한다.

있는 개각도 촬영으로 폭탄이나 수류탄이 터질 때 튀는 흙까지 세세하게 담아냈고, 핸드헬드와 이미지 셰이킹을 통해 흔들리는 카메라 때문에 전쟁터가 더욱 긴장감 넘치게 전해졌다.

개인적으로 이러한 기술도 인상적이었지만, 그보다 DP로서 홍경표의 실력을 느낄 수 있었던 장면은 국군이 낙동강 전선을 탈환하는 영화의 중반부 전쟁 시퀀스다. 밤 장면임에도 부드러운 느낌으로 세팅한 조명으로 병사들의 실루엣을 명확하게 표현하고, 국군과 북한군의 백병전이 시작될 때 국군이 던진 화염병을 조명처럼 사용한 아이디어는 혀를 내두를 만큼 감탄스러웠다. 처음에는 데이 포 나잇[9]으로 찍은 건가 싶었는데 나중에 확인해 보니 밤에 찍은 장면이라고 했다. "달 조명을 공중에 매달아 부드러운 빛을 주광원으로 삼고, 이후 백병전이 시작될 때 국군이 던진 화염병에 붙은 불로 빛을 설계했다." 홍경표 촬영감독의 설명이다.

　　　<라이언 일병 구하기>(감독 스티븐 스필버그, 1998), <에너미 앳 더 게이트>(감독 장 자크 아노, 2001), <풀 메탈 자켓>(감독 스탠리 큐브릭, 1996) 등 할리우드 전쟁 블록버스터보다 턱없이 적은 제작비로 <태극기 휘날리며> 속 할리우드 못지않은 생생한 전쟁 시퀀스를 만들어낼 수 있었던 데에는 그의 공이 크다. 이렇게 <하우등>부터 <태극기 휘날리며>까지, 열 편의 작품을 거치는 동안 그는 <봄날은 간다>, <살인의 추억>을 찍은 김형구 촬영감독과 함께 한국을 대표하는 젊은 촬영감독의 선두주자로 자리매김하고 있었다.

9　낮을 밤처럼 찍는 기법

박찬욱 감독 영화 세계의 일부가 되어

'박찬욱의 파트너'. 정정훈 촬영감독이 할리우드로 떠나기 전까지 그를 따라다니던 꼬리표다. <올드보이>를 시작으로 <아가씨>까지 박찬욱 감독의 거의 모든 영화를 찍었으니 틀린 수식어도 아니다. 정정훈 촬영감독도 싫지 않은 눈치다. "예전에 박찬욱 감독님이 다른 촬영감독의 스케줄을 확인하려고 하면 그 사람의 스케줄이 이미 꽉 찼다고 농담을 하곤 했다.(웃음)" 그가 미국으로 건너간 지 얼마 되지 않았을 때, 미국 생활이 외로웠는지 통화 중에 "박찬욱 감독님께도 그렇고 충무로에서도 그렇고 잊힐까 봐 두려운데 한국으로 돌아가야 하나"며 너스레 섞인 걱정을 토로한 적도 있다. 기대만큼 영화 일이 들어오지 않았던 시절이니, 아마 괜한 엄살은 아니었으리라.

⚡

집요한 촬영,
서스펜스를 이끄는 카메라 <컷>

<올드보이> 이후 그가 촬영한 박찬욱 감독의 영화들을 보면 한 사람이 찍은 게 맞나 싶을 정도로 매 작품 새롭고 과감한 시도를 선보인다. <올드보이>라는 어려운 작업을 마친 박찬욱 감독과 정정훈 촬영감독

은 곧 옴니버스 영화 <쓰리, 몬스터>의 단편 <컷>으로 몸을 풀었다. <쓰리, 몬스터>는 한국의 박찬욱(<컷>), 일본의 호러 거장 미이케 다카시(<박스>), 홍콩의 프루트 챈(<만두>), 이렇게 아시아를 대표하는 세 명의 감독이 참여한 호러 옴니버스 프로젝트다. 박찬욱 감독이 연출한 <컷>은 스타 감독 '류지호(이병헌)[10]'의 저택에 괴한(임원희)이 침입하면서 벌어지는 이야기다. 류지호는 잘생기고, 머리가 좋고, 미국 유학도 했으며, 저택에서 살고 있는 데다가 예쁘고 착한 아내(강혜정)가 옆에 있기까지한 남부러울 것 없는 삶을 살고 있다. 괴한은 류지호의 삶을 보고 세상이 불공평하다고 생각해 분노한다. 괴한은 류지호의 아내를 피아노 앞에 대롱대롱 매달아 놓고, 아내를 구하고 싶다면 일면식도 없는 소녀를 죽여야 한다고 류지호 감독에게 말한다. 그렇게 하지 않으면 피아니스트인 아내의 손가락을 5분에 하나씩 자를 거라는 협박과 함께.

영화 속 류지호 저택은 연극 무대처럼 보인다. 한정된 류지호의 집 안에서 괴한과 류지호가 탁구처럼 주고받는 대화가 서사를 이끌어가는 주요한 에너지다. 공간 구조상 카메라가 움직일 수 있는 동선과 앵글이 한정될 수밖에 없었다. 그러한 제약에서 정정훈의 카메라는 류지호의 대사 톤이 바뀔 때마다 앵글을 세심하게 조정한다. 때로는 읍소하고 또 때로는 윽박지르며 다양한 감정을 시시각각으로 표출하는 이병헌의 얼굴을 꾹꾹 눌러담아낸다. 길다면 길고, 짧다면 짧은 40분 동안 서스펜스를 팽팽하게 유지할 수 있었던 건 인물의 감정에 끈질기게 따라붙는 정정훈 촬영감독의 집요한 촬영 덕분이다.

10 류승완, 김지운, 봉준호, 허진호 등 박찬욱 감독이 친한 감독의 이름 한 글자씩 따서 만든 캐릭터.

✦

복수 3부작의 대단원!

차갑게 응시하는 카메라 <친절한 금자씨>

<친절한 금자씨>는 박찬욱 감독의 '복수 3부작'의 대단원에 해당하는 작품이다. 복수 3부작 중 첫 영화인 <복수는 나의 것>이 차갑고 냉철한 작품이고, <올드보이>가 용암처럼 부글부글 끓는 뜨거운 작품이라면, <친절한 금자씨>는 그 극과 극의 온도를 묘하게 오가며 중간층을 이루는 매력의 영화랄까. <복수는 나의 것>과 <올드보이>에 대한 반작용이 절묘하게 충돌해서 탄생한 작품처럼 느껴지기도 한다. 전작 두 편에서도 배두나 배우의 영미(<복수는 나의 것>), 강혜정 배우의 미도(<올드보이>) 같은 인상적인 여성 캐릭터가 등장하지만, <친절한 금자씨>는 주인공 금자가 서사 전체를 이끄는 그야말로 '여성 서사'다. 이영화는 어린아이를 살해했다는 죄를 뒤집어쓴 금자가 13년의 복역 기간을 마치고 출소해 자신을 감옥으로 보낸 백 선생(최민식)을 찾아가 복수하는 이야기다. 지금이야 영화 산업 안팎에서 여성 서사가 많이 나오고 있지만, 그때만 해도 여성 주인공이 서사를 주도적으로 끌고 가는 복수극은 거의 없었다. 당대를 풍미한 인기 드라마 <대장금>으로 아시아 최고 스타로 등극한 이영애 배우가 드라마 속 이미지와 180도 다른 파격적인 캐릭터를 맡아 화제가 됐던 작품이기도 하다.

이 영화에서 정정훈 촬영감독의 카메라는 거의 움직이지 않는다. 영화는 감옥에서 출소한 금자의 현재와 과거 감옥 생활을 수시로 교차하며 나아가고, 그 까닭에 금자의 얼굴에서 시작해 얼굴로 끝나는 시퀀스가 적지 않다. 핸드헬드로 금자의 감정을 실감 나게 담아내

고 싶은 욕심이 있었을 법도 한데 정정훈의 카메라는 부동자세를 유지한 채 금자를 조용히 응시한다. 거의 모든 장면에서 카메라가 움직였던 <올드보이>과 비교하면 고전적인 스타일에 가깝다고 할 수 있다. 영화에서 거의 유일하게 카메라가 움직이는 시퀀스가 있다. 금자가 형사반장이 일러준 대로 박원모 어린이 유괴 살인사건 현장 검증을 하는 시퀀스다. 연신 플래시를 터트리며 셔터를 눌러대는 기자들, 그들을 막는 경찰들, 그리고 분노와 관음의 흥분에 휩싸인 채 이 광경을 지켜보는 사람들이 마구 뒤엉킨 아수라장에서 정정훈의 카메라는 겁에 질리고 불안감에 휩싸여 떨리는 금자의 눈동자가 되어 그와 함께 연기하는 것처럼 캐릭터의 감정과 혼연일체가 된다. 형사반장이 눈짓으로 내리는 지시에 따라 움직이던 금자는 이 현장 검증의 '클라이맥스'인 베개로 아이를 질식시키는 행동에 이르게 된다. 이때 금자를 연기하는 배우 이영애의 얼굴은 깊은 슬픔과 절박함, 당혹감을 오가며 <대장금> 속 한류스타나 CF 속 화려한 모델의 면모를 한순간에 잊게 하는 역동성을 만들어 내며 극에 몰입하게 한다. 개봉 당시 정정훈은 『씨네21』과의 인터뷰에서 "배우와 인물의 감정의 조화가 카메라에 온전히 담겼기 때문"라는 이유로 이 장면을 자신의 베스트 컷으로 꼽은 바 있다.

개인적으로 좋아하는 장면은 따로 있다. 금자가 딸 제니(권예영), 근식(김시후)과 함께 시장에서 개를 사서 한적한 산골 마을로 여행 가는 영화 중반부 시퀀스다. 금자가 백 선생에게 복수하기 직전의 상황으로, 마침 흘러나오는 노래도 조르디 사발의 자장가 'Mareta, mareta no'm faces plorar(엄마, 엄마 날 울리지 말아요)'. 카메라가 대단한 움직임을 구사하는 시퀀스는 아니지만, 잠깐이나마 함께 시간을 보내는 세 사람의 모습은 여기서 시간이 멈췄으면 좋겠다는 생각이 들만큼 평화로우면서도 앞으로 다가올 일을 예감하게 하는 폭풍 전야의 긴장감도 느껴진다.

✦

박찬욱 감독의 첫 번째 디지털 영화
<싸이보그지만 괜찮아>

박찬욱 감독이 자신의 스타일과 에너지를 최대치로 밀어붙였던 작품이 '복수 3부작'이라면, <싸이보그지만 괜찮아>는 어찌 보면 그에 대한 반작용 같은, 동화처럼 귀여운 이야기다. 자신이 사이보그라서 밥을 먹으면 안 된다며 식사를 거부하는 거식증 소녀 영군(임수정)과 남의 특징을 훔칠 수 있는 능력을 갖고 있다고 믿는 동시에 자신의 존재가 한순간에 사라질지도 모른다는 두려움에 가면을 쓰는 청년 일순(정지훈)의 소동을 그려낸 로맨틱코미디다.

　　필름 시대가 저물고 디지털 시대가 열리고 있었다. 이 작품은 박찬욱 감독의 첫 번째 12세 관람가 영화이자 HD 바이퍼 카메라로 촬영한 박찬욱 감독의 첫 디지털 영화이기도 하다. 바이퍼 카메라가 데이비드 핀처 감독의 범죄 영화 <조디악>(2006)과 마이클 만 감독의 액션 영화 <마이애미 바이스>(2006)에 사용되면서 한창 이름을 알리기 시작했던 때다. <싸이보그지만 괜찮아>를 찍기 전에 박찬욱 감독이 직접 <조디악> 촬영 현장을 찾아 이 카메라를 지켜봤다는 일화가 화제가 되기도 했다. 현상할 때까지는 필름에 상이 맺혔는지 누구도 알 수 없던 필름 카메라와 달리, 디지털카메라는 현장 경험이 전혀 없거나 촬영 기법, 지식을 잘 몰라도 선명한 모니터를 확인하며 이미지를 즉시 만들 수 있다는 점에서 혁명이나 마찬가지였다.

　　<싸이보그지만 괜찮아>의 촬영은 마치 한 편의 뮤지컬 무대를 보는 것 같다. 정신병원을 배경으로 한 이 이야기에는 많은 인물이 등장한다. 카메라는 거의 움직이지 않은 채 영군과 일순 두 주인공을 포함한 여러 캐릭터를 담아낸다. 인물들은 프레임 안팎을 자유롭게 넘나들며 화면에 역동성을 부여한다. 인물이 프레임 안으로 불쑥 들어온 뒤 프레임 밖으로 나가면서 신이 전환되는, 재미있는 장치도 많다. 반대로 카메라가 움직이는 장면도 있다. 영군과 일순을 포함한 일련의 환자들이 야외에 둘러앉아 자신의 사연을 차례로 이야기하는 영화의 초반부 시퀀스에선 카메라가 한시도 가만히 있지 않는다. 인물의 얼굴을 가까이서 담는 클로즈업숏도 많고 대화 장면은 줌 렌즈를 통해 활기를 불어넣는다. 일순의 머리에 카메라를 매달아 그의 시점으로 병원의 풍경을 보여주는 시도도 귀엽다. 콘솔 비디오 게임의 주인공이 된 듯한 일인칭 시점의 촬영이다. 또, 스탠리 큐브릭 감독의 <샤이닝>이나 마틴 스코세이지 감독의 <좋은 친구들>에서 구사한 '줌 아웃 트랙 인[11]' 같은 숏도 등장한다. 한정된 병원 공간이다 보니 인물 동선이 여간 단순하지 않아, 인물 동선을 고려한 카메라 움직임을 설계하기 위해 정정훈 촬영감독이 얼마나 머리를 쥐어짰을지 안 봐도 비디오다.

　　빛 설계도 귀엽고 흥미롭다. 낮에는 병원 창을 통해 실내로 들어오는 빛을 주요 광원으로 삼는다. 밤에는 실내에 배치한 형광등 빛을 적극 활용한다. 빛 콘트라스트가 강한 복수 3부작과 달리 이 영화는 전체적으로 밝고, 샤프니스를 가급적이면 주지 않으며, 채도를 높

11　Zoom out Track in, 줌아웃을 하면서 카메라가 트렉인 하면 피사체는 그대로인데 배경이 멀어진다. 현기증 숏이라고도 부른다.

여 원색의 매력을 살렸다. 덕분에 류성희 미술감독이 디자인한 정신병원 세트와 조상경 의상감독이 만든 의상의 색감이 오롯이 전달된다. 여러모로 새로운 시도를 한 덕분에 미장센이 풍성하다. 반면, 익숙하지 않은 디지털카메라에 대한 불편함도 있었던 것 같다. 사이보그가 된 영군이 병원에서 양팔에 달린 총을 난사하는 망상 시퀀스는 고속 촬영으로 찍었는데, 그 장면만큼은 바이퍼 카메라를 내려놓고 필름 카메라로 찍었다고 한다. 바이퍼 카메라가 고속촬영이 잘 안 되는 단점이 있었기 때문이라나. 어쨌거나 <싸이보그지만 괜찮아>는 연출도, 연기도, 촬영도, 미술도, 의상도 여러모로 귀엽다.

⚡

거리두기의 미학
<박쥐>

뱀파이어가 된 신부 상현(송강호)과 그의 어린 시절 친구인 강우(신하균)의 아내 태주(김옥빈)의 격정적인 사랑을 그려내는 이야기여서일까. <박쥐>는 거의 모든 장면에서 카메라가 움직이는 현란한 영화다. 이것은 <친절한 금자씨>, <싸이보그지만 괜찮아> 등 앞의 두 영화에서 카메라가 많이 움직이지 않았던 점을 감안하면 큰 변화다. 그보다 훨씬 전에 만든 <올드보이>와 비교해도 <박쥐>의 카메라 움직임이 더 현란하고, 배우가 훨씬 더 자유롭게 움직인다. 롱테이크가 꽤 많은데도 지루할 새가 없는 것도 그 때문이다.

정정훈 촬영감독은 <박쥐> 촬영 전 미국의 사진작가 알렉 소스(Alec Soth)의 사진으로부터 영감을 받았다. "뭔가 명확하지 않은, 짓

누르는 듯하면서 답답한 느낌"인 알렉 소스의 사진이 영화 속 상현과 태주의 사랑과 맞닿아 있다고 느낀 것이다. 이 영화에서 정정훈의 카메라는 상현이 신부일 때와 뱀파이어가 된 후를 명확하게 구분해 표현한다. 신부 시절의 상현은 밝고 콘트라스트가 명확하다. 반대로 뱀파이어 상현은 어둡고 콘트라스트를 약하게 설계했다. 배우들의 감정선을 앞서가지 않는 것도 관건이라 판단한 듯하다. 그래서 "인물이 먼저 움직이고 카메라가 뒤따라가는 방식을 택한 것"이다. 그것은 보는 이로 하여금 몰입보다는 거리두기를 유도하는 듯하는 알렉 소스의 사진과도 닮아 보인다.

기술적으로는 이 작품을 위해 그가 꺼내 든 비장의 무기가 있다. 그것은 '스콜피오 헤드'다. 록밴드 이름처럼 보이는 이 장비는 카메라의 가동 범위를 확장시킬 수 있는 장치다. 사람이 카메라 몸체를 직접 움직일 필요 없이 리모컨으로 조종하면 카메라가 정확하게 움직이는 무인 리모트컨트롤 장비다. 영화 속 주요 공간인 '행복한복'은 미술팀이 세트로 지었음에도 '덴깡[12]'을 할 수 없는 공간이었다. 세트에 트랙을 깔고 이동차로 찍기엔 너무 좁아서 카메라 동선이 나오지 않았다. 스콜피오 헤드는 그러한 공간적 제약을 극복할 수 있는 최선의 해법이었다. 조그마한 크레인에 올린 스콜피오 헤드는 레일 위에서 어디로든 자유롭게 이동했다. 덕분에 넓지 않은 공간에서 배우들의 동선을 최대한 자유롭게 보장하며 시시각각으로 변화하는 그들의 감정을 생생하게 포착할 수 있었다.

스콜피오 헤드를 활용해 찍은 장면은 더 있다. 상현이 태주를 끌어안은 채 옥상에서 뛰어내리는 장면은 스튜디오에 블루스크린을

12 카메라가 화각을 확보하기 위해 세트 벽을 부수거나 복도를 늘리는 작업

칠하고 스콜피오 헤드를 와이어에 매달아서 찍었다. 배경은 실제 공간을 찍은 뒤 합성했다.

개인적으로는 마작신과 엔딩신도 촬영에 감탄하며 봤다. 상현, 강우, 태주, 강우의 엄마(김해숙), 승대(송영창), 영두(오달수)가 원형 식탁에서 둘러앉아 마작을 하는 영화의 초반부는 단번에 관객의 혼을 빼놓는다. 속사포처럼 주고받는 그들의 대화를 컷 분할 없이 카메라의 움직임만으로 한 컷에 담아낸 솜씨가 인상적이다. 그리고 상현과 태주가 아침 해를 맞이하는 엔딩신은 그들의 비장한 최후를 푸르스름한 새벽녘 빛으로 담아내 쓸쓸하고 애잔하다.

이처럼 박찬욱 감독의 영화를 연달아 촬영한 경험으로 이제 정정훈 촬영감독은 박찬욱 감독의 영화 세계를 설명하는 데 빼놓을 수 없는 이름이 된다. 정정훈에게 이 경험이 이후 류승완, 이준익, 이재용, 박훈정 등 다른 감독과의 작업을 하는 데에 큰 자양분이 되었음은 물론이고 말이다.

5:

자기 검열과 '콤플렉스'를 피해,
고립무원 남극부터 피투성이 엘리베이터까지

할리우드로 진출하기 전까지 정정훈 촬영감독의 필모그래피는 이렇게 정의할 수 있다. 박찬욱 감독의 영화거나, 그렇지 않거나. 정정훈 촬영감독도 이 사실을 잘 안다. 5년 전쯤인가. <아가씨>와 <곡성> 촬영을 끝낸 정정훈, 홍경표 촬영감독을 모시고 서로의 작업을 주제로 대화하는 자리를 만든 적이 있다. 두 사람이 공식적인 자리에서 만난 건 처음이었다. 몇 년 만에 만난 둘은 그간 궁금했던 걸 서로 물으며 오랜 회포를 풀었다. 내내 화기애애했던 그 자리에서 정정훈 촬영감독에게 초기작 상당수를 박찬욱 감독과 주로 작업했던 이유를 물었다. "<올드보이>가 잘되고 나서 많은 감독에게 함께 작업하자는 연락이 왔다. 한편으론 여러 감독과 하고 싶은 마음도 있었지만, 내 진가를 알아봐 준 감독님과 가능한 한 오래 작업하고 싶은 마음이 컸다. <올드보이> 이전에는 촬영감독으로서 존중도 받았지만, 무시도 많이 당했다. 그때 처음으로 나를 믿어준 감독이 박찬욱 감독이었다. 그리고 유일하게 내 말을 한 번에 이해해 주는 사람을 만났는데, 다시 서로 소통이 어려운 사람과 일하게 될까 봐 두려웠다. 절묘한 '타이밍'도 있었다. 다른 데서 같이 하자는 연락이 오면 꼭 그때 박 감독님에게서 신작을 함께하자는 연락이 왔다. 스케줄이 빌 때는 아무 연락 안 주시더니. 그러다 보니 자연스럽게 박찬욱 감독님 영화를 연달아 하게 된 거다." 이처럼 한 명의 감독과 여러 편 작업을 했다 보니, 그가 박찬욱이 아닌 다른 감독들과 작업했을 때 어떤 결과물을 내놓았는지 살펴보는 재미도 있다. <남극일기>, <다세포 소녀>, <구르믈 버서난 달처럼>, <평양성>, <부당거래>, <신세계> 이 여섯 편의 영화는 촬영감독 정정훈의 세계를 좀 더 이해할 수 있는 단서가 된다.

⚡

강풍, 화이트 아웃, 새하얀 설산, 그리고
VFX의 눈부신 전진 <남극일기>

임필성 감독의 데뷔작이기도 한 <남극일기>(2005)는 <올드보이>와 <쓰리, 몬스터>를 연달아 찍은 직후에 합류했던 영화다. 뉴질랜드 로케이션은 제작 난이도가 높기로 명성이 자자했다. 햇볕이 쨍쨍해서 맑은 장면을 찍고 있으면 금세 눈보라가 몰아치는 변덕스러운 날씨였다. 구름이 짙다 싶어 흐린 날씨를 찍고 있으면 언제 그랬냐는 듯 모습을 드러내는 해와 숨바꼭질하기가 일쑤였다. 충무로와 다른 문화를 가진 현지 스태프와의 협업도, 실사 촬영에 아직은 매끄럽지 않던 VFX를 어떻게 하면 감쪽같이 합성할 것인지 같은 과제도 모두 난이도가 높은 미션이었다. 이처럼 쉬운 구석이 하나도 없는 이야기를 한국과 뉴질랜드를 오가며 8개월 넘게 진행한 탓에 '<남극일기>가 좌초됐다'는 소문도 당시 충무로 안팎에서 무성했다. 그런 악조건 속에서도 정정훈의 카메라는 도달 불가능한 지점까지 탐험하는 대원들의 강한 집념과 그 집념이 불러온 광기를 꾹꾹 눌러 담았다. 영화를 보면서 이상하게 느끈 점도 있다. 카메라가 남극대륙을 터벅터벅 걸어가는 대원들의 모습을 돌리숏으로만 담아낸 것이다. 스테디캠을 활용해 쉽게 찍을 수도 있을 법한데, 눈 위에서 돌리만 쓴 건 무모해 보이기까지 했다. 참고로 '스테디캠'은 촬영 시 카메라의 떨림과 진동을 줄이는 유압식 받침대 위에 카메라를 올려 부드러운 촬영 영상을 만들어내는 장치다. 돌리 숏은 카메라를 바퀴 달린 촬영대에 부착해 피사체를 따라 움직이는 숏이다. 눈 위에선 트랙을 일일이 깔아야 하는 등 준비해야 할 것들이 많은 돌리숏과 달리 카메라만 달랑 들면 되는 스테디캠 숏이 촬영을 진행하는데 더 수월했을 것이다. 나중에서야 비하인드 스토리를 들을 수 있었는데, 정정훈 촬영감독은 단순히 스테디캠을 좋아하지 않아 부르는 걸 꺼렸다고 했다. 특유의 무심한 성격다운 답변이지만, 끝없이 펼쳐진 남극대륙을 걸어가는 대원들의 고립감과 외로움을 돌리숏만큼 잘 담아낼 수 있는 선택도 없었을 것이다.

강풍, 화이트 아웃, 새하얀 설산 등 뉴질랜드의 자연 풍광을 2.35:1 화면 비율로 펼쳐내는 것도 중요했다. 더군다나 한국보다 강한 빛으로 인한 반사광 때문에 하나로 통일되지 않고 왜곡되는 컬러를 디지털 색 보정 작업으로 하나하나 톤을 맞추는 것도 그의 임무였다. D.I(디지털 색 보정)도 당시 한국 현장에선 처음 시도하다시피 한 낯선 기술이었다. 크레바스에 빠진 대원들을 구출하는 VFX 컷을 세심하게 찍어내는 것도 과제였다. <남극일기>는 개봉 당시 흥행에 참패했지만, 그의 촬영이 한국 VFX 기술이 한 걸음 전진하는 데 도움이 된 건 분명하다.

⚡

류승완 감독과의 첫 거래, 아니 작업
<부당거래>

<부당거래>는 정정훈 촬영감독과 류승완 감독이 처음으로 함께 작업한 영화다. 류승완 감독이 과거에는 조용규 촬영감독(<다찌마와 리: 악인이여 지옥행 급행열차를 타라>(2008), <주먹이 운다>(2005), <죽거나 혹은 나쁘거나>(공동 촬영, 2000)), 최근에는 최영환 촬영감독(<모가디슈>(2021), <베테랑>(2014), <베를린>(2012), <다찌마와 리>(2000))과 주로 작업한 사실을 떠올려보면 정정훈 촬영감독과 류승완 감독은 낯설면서도 흥미로운 조합이었다. 그런데 두 사람은 오래전부터 알고 지내던 사이였다. 류승완 감독은 "정정훈 촬영감독이 <죽거나 혹은 나쁘거나>와 <주먹이 운다>에서 배우로 출연했었다"며 "사실 <아라한 장풍대작전>(2004)도 그가 촬영할 뻔했었다. 정정훈 감독의 촬영을 좋아했지만, 일정이 서로 맞지 않아 작업할 기회를 놓치다가 <부당거래> 때 맞아떨어졌던 거"라고 말했다.

류승완 감독의 전작 중에서 유일하게 액션이 거의 없는 영화인 <부당거래>는 대화 장면이 참 많다. 경찰 광역수사대 사무실, 검사실, 취조실, 요정, 기사 식당, 편의점 테이블, 골프장, 쓰레기 하수처리장 등 많은 공간에서 형사, 검사, 검사 스폰서, 기자 등이 대화를 나누고 또 나눈다. 이들의 대화가 서사를 끌고 가는 동력이자 긴장감을 불어넣는 서스펜스 역할을 하는데 마치 액션처럼 리듬감이 넘친다. 황정민, 류승범, 정만식, 천호진 등 출연 배우들의 연기가 워낙 좋다 보니 그의 카메라도 풀숏으로 시퀀스를 연 뒤 곧바로 배우들의 얼굴을 클로즈업숏

으로 담아낸 인물의 대화로 안내한다. 앵글과 패닝만으로 과하지도 부족하지도 않은 컷 분할 효과를 내는 카메라의 깔끔한 움직임이 보는 이들의 이목을 대화에 집중시킨다. <부당거래>를 다시 본다면 대화 장면을 유심히 살펴보시라. 큰 기술이 들어가지도 않는데도 관객을 대화에 끌어들이는 솜씨가 매우 훌륭하다.

⚡

욕망의 균형감이 돋보이는
<신세계>

박훈정 감독의 <신세계>는 정정훈 촬영감독의 첫 누아르 영화다. 영화를 제작한 한재덕 사나이픽처스 대표가 <올드보이>, <부당거래>를 함께 작업한 정정훈 촬영감독에 촬영을 요청한 것이다. 한재덕 대표는 "그때만 해도 감독이 연출 경험이 많지 않아 베테랑 촬영감독이 필요했다. 정정훈 촬영감독은 촬영만 잘하는 게 아니라 감독과 프로듀서 마인드를 모두 갖춘 촬영감독이라 그가 반드시 필요했다"고 그에게 촬영을 제안한 이유를 말했다.

    <신세계>는 두기봉 감독의 <흑사회> 같은 홍콩 누아르와 프랜시스 포드 코폴라 감독의 <대부> 시리즈에 상당 부분 빚지는 영화다. 그걸 알면서도 볼 때마다 시간 가는 줄 모르고 흠뻑 빠지게 되는 건 배우들의 연기가 좋고, 특히 황정민이 연기한 정청 캐릭터가 낭만적이고, 정정훈 촬영감독의 촬영이 유려하기 때문이다. <신세계>에서 정정훈이 선보인 촬영을 색으로 비유하자면 무채색이다. 누아르물의 전형성을 생각하면 의외의 선택이라 할 수 있는 낮 시간대 로케이션 촬영

72

이 많고, 콘트라스트도 낮아 건조하게 느껴진다. 그러한 선택이 부글부글 끓어오르는 인물들의 욕망이 선명하게 드러나면서도 지나치게 튀어 오르지는 않게끔 잡아주어, 욕망의 균형감을 유지한다. 이 영화에서 개인적으로 좋아하는 시퀀스는 "드루와"라는 밈으로도 잘 알려진, 중구(박성웅)의 조직원들이 정청을 집단 린치하는 액션 장면. 지하주차장에서 시작된 이 시퀀스는 정청과 중구의 수십 명이 넘는 조직원들이 한꺼번에 뒤엉켜 아수라장이 되고, 건물 안으로 겨우 몸을 피해 엘리베이터를 타려던 정청이 그곳에서 기다리던 중구의 부하들 속으로 뛰어 들어가 피의 칼부림을 끝내고서야 문을 닫는 명장면이다. 특히 엘리베이터신은 '덴깡' 아니면 촬영이 불가능한 환경인데, 진짜 엘리베이터 안에서 카메라가 움직이고 있는 듯 좁고 답답하게 찍었다.

언젠가 정정훈 촬영감독에게 박찬욱이 아닌 다른 감독들과의 작업은 어떤 경험이었는지 물어본 적 있다. 그때 그는 이렇게 대답했다. "감독은 바뀌었는데도 촬영이 그대로다, 혹은 박 감독 작품 같다'는 얘기를 들을까봐 때로는 이 앵글이 정답이다 싶은데도 자기 검열을 하며 피해 가기도 했다. 되돌아보면 굳이 그렇게 의식하지 않아도 됐는데, 그때는 이상하게도 그런 콤플렉스 같은 게 생기더라." 어쩌면 매 작품 다른 스타일을 선보일 수 있었던 것도 그런 결벽적인 '콤플렉스' 때문이었는지도 모른다.

Insert Cut

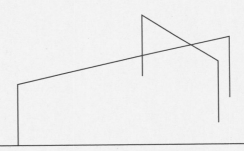

'어둠의 왕자' 고든 윌리스 촬영감독이 2014년 5월18일 세상을 떠났다. 고든 윌리스란 이름은 어쩌면 독자에게 낯선 이름일 수 있겠다. 할리우드의 촬영감독인 그는 프랜시스 포드 코폴라 감독의 <대부> 3부작, 우디 앨런 감독의 <애니홀>부터 <카이로의 붉은 장미>까지의 작품, 앨런 J. 파큘라 감독의 <모두가 대통령의 사람들> 등을 촬영하며 현대영화에 크나큰 영향을 끼쳤다. "이런 장면은 어떻게 찍었나요?" 명장면이 탄생할 때마다 많은 사람들이 고든 윌리스에게 물었다고 한다. 고든 윌리스의 대답은 항상 같았다. "사람들은 내가 찍은 장면을 두고 리얼하다고 한다. 하지만 그건 '리얼'이 아니다. 내가 찍은 장면이 리얼하게 보이는 건 완벽히 계산해서 찍었기 때문이다." 지난 2014년 고든 윌리스 촬영감독이 타계했을 때 홍경표 촬영감독에게 고든 윌리스 촬영감독의 명장면 중에서도 가장 좋아하는 두 신을 꼽아달라고 요청한 적 있다. 홍경표 촬영감독은 공교롭게도 두 장면을 모두 <대부> 시리즈에서 골랐다.

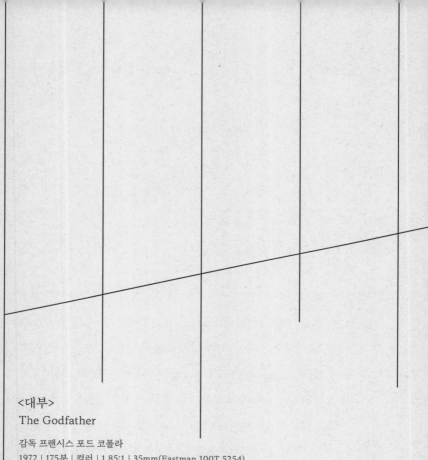

<대부>
The Godfather

감독 프랜시스 포드 코폴라
1972 | 175분 | 컬러 | 1.85:1 | 35mm(Eastman 100T 5254)

"<대부>의 오프닝 시퀀스. 이야기는 카메라가 대부를 찾아온 장의사의 얼굴을 보여주면서 시작된다. 장의사의 얼굴을 비추던 카메라가 서서히 줌아웃되면서 대부 돈 콜레오네(말론 브랜도)의 실루엣이 드러나는 광경이 굉장히 인상적이었다. 공간은 대부의 집무실이다. 보통 창이 있는 공간은 창을 통해 들어오는 빛을 활용하기 마련이다. 하지만 고든 윌리스는 로키 조명을 세팅해 공간을 전체적으로 어둡게 표현하고, 짙은 그림자로 명암을 극단적으로 강조했다."

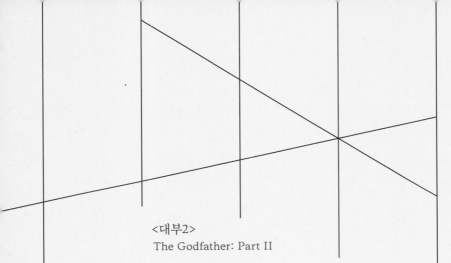

<대부2>
The Godfather: Part II

감독 프랜시스 포드 코폴라
1974 | 202분 | 컬러 | 1.85:1 | 35mm(Eastman 100T 5254)

"시리즈의 전 장면이 명장면이지만, 그중에서도
<대부2>의 젊은 비토(로버트 드니로)가 첫 살인을
저지르는 시퀀스가 특히 인상적이었다. 빈 아파트
복도에서 이탈리아 이민자 마을의 보스 돈 파누치를
살해한 뒤 유유히 건물 밖으로 나간 뒤 시장 거리를
걸어가는 그를 카메라가 트래킹숏으로 담아낸다.
충격적인 건 그가 곧바로 시장 어딘가로 들어가
가족을 만나고, 자기 아들인 어린 마이클을
안는다는 것이다. 보통 살인을 저지르고 나면
공범자를 만나지 가족을 만나러 가진 않는다.
가족을 위해서라면 살인보다 더한 것도 할 수
있다는 비토 콜레오네의 철학과 그의 미래를
암시하는 장면이다. 전체 <대부> 시리즈의
메시지이기도 하다."

정정훈 촬영감독은 다른 영화인들에 비해 유독 영화를 안 보는 걸로 유명하다. 그런 그가 L.A.로 건너간 2013년 적지 않은 영화를 챙겨봤다고 한다. 어쩌면 이 영화들이 할리우드라는 큰 무대에서 작품이 들어오기까지 버틸 수 있었던 힘이 아닌가 싶다. 촬영감독으로서 그가 좋아하는 영화는 어떤 작품일까. 정정훈 촬영감독은 "촬영만 돋보이는 영화는 결코 좋은 작품이 아니"라고 했다. 당시 그의 마음을 사로잡은 영화 다섯 편을 소개한다.

1.

<마른 꽃>
乾いた花

감독 시노다 마사히로 | 촬영 코스기 마사오
1964 | 96분 | 흑백 | 2.35:1(Shochiku Grandscope) | 35mm

"L.A.에서 <스토커> 후반 작업할 때 박찬욱 감독님과
우연히 보게 된 영화다. 1960년대에 만들어졌다는
사실이 믿어지지 않을 만큼 고급스러운 작품이었다.
카메라 앵글, 움직임, 빛이 완벽했고, 음악이 영화의
리듬을 만들어내는 게 꽤 경이로웠다. 흑백 영화인데
아이러니하게도 어떤 컬러 영화보다도 강렬했다.
그래서 시노다 마사히로가 만든 영화 DVD를 다
구입해 감상했다. <마른 꽃>만한 작품이 없더라. 이
영화를 본 뒤로 촬영에 대해 꽤 많은 생각을 하게
됐고, <올드보이> 이후 처음으로 나를 되돌아보게
됐다."

2.

<언더 더 스킨>
Under the Skin

감독 조나단 글레이저 | 촬영 다니엘 란딘
2013 | 108분 | 컬러 | 1.85:1 | 35mm

"촬영감독으로서 조나단 글레이저 감독의 2004년 작
<탄생>은 가장 좋아하는 영화 두 손가락 안에 꼽는
작품이다. <언더 더 스킨>도 매우 좋았는데, 주인공
로라(스칼렛 요한슨)가 하나의 눈동자로 등장하는
오프닝 시퀀스가 특히 완벽하다. 외계에서 온 인간
사냥꾼 로라가 걸어가는 게 전부임에도 긴장감이
넘치고, 숨이 턱턱 막힌다. 버스 정류장에서 로라가
버스를 기다리는 시퀀스에서도 감탄했다. 픽스된
카메라와 롱숏으로 긴장감을 주는 게 쉽지 않은데,
이 영화는 그걸 해낸다. 촬영감독이 이 장면을
찍으면서 굉장히 뿌듯해했을 것 같다."

82

3.

<버드맨>

Birdman or (The Unexpected Virtue of Ignorance)

감독 알레한드로 곤잘레스 이냐리투 | 촬영 엠마누엘 루베즈키
2014 | 119분 | 컬러 | 1.85:1 | 35mm(Kodak Vision 2383)

"<버드맨>을 본 사람들은 모두 이 영화가 테크닉이
뛰어난 작품이라고 말한다. 하지만 사실 <버드맨>은
기술적으로 특별한 게 없는 영화다. 세트가 점점
좁아지는 효과라든가, 편집을 통해 한 컷처럼
보이게 하는 효과는 히치콕 영화를 포함해 고전
영화에서 이미 시도됐던 것들이다. 오히려
<버드맨>은 미술, 촬영, 연출, 배우 등 각각의
요소가 모두 고전에 충실하면서도 새로운 것을
지향한다는 점에서 인상적이었다. 결코 촬영만
돋보이는 영화가 아니다."

4.

<그랜드 부다페스트 호텔>
The Grand Budapest Hotel

감독 웨스 앤더슨 | 촬영 로버트 D. 예먼
2014 | 99분 | 컬러, 흑백 | 1.37:1(1930년대 시퀀스),
1.85:1(1985년 시퀀스), 2.39:1(1960년대 시퀀스) |
35mm(Kodak Vision3 200T 5213)

"촬영, 미술, 심지어 배우까지도 하나의 미장센으로
기능한다는 점에서 <버드맨>과 다른 의미로
인상적이었던 작품. 그 안에 웨스 앤더슨 감독
특유의 위트가 녹여져 있다. 잘 조각된 영화."

5.

<어머니와 아들>
Mat i syn

감독 알렉상드르 소쿠로프 | 촬영 알렉세이 표도로프
1997 | 73분 | 컬러 | 1.66:1 | 35mm

"이 영화 역시 박찬욱 감독님과 함께 우연히 감상한
작품이다. <파우스트>(2011)를 만든 알렉상드르
소쿠로프 감독의 1997년 작이다. 거의 원 신 원 컷으로
찍은 영화인데 롱테이크가 상상을 초월한다. 촬영이
답답할 정도로 천천히 움직이는 까닭에 숨이 막힌다.
<버드맨>과 상반된 의미의 롱테이크라고나 할까.
그렇게 호흡이 긴 영화인데 러닝타임은 불과
73분밖에 되지 않는다."

2013년 『씨네21』이 촬영, 미술, 음악, 편집 각 분야의 키스태프들에게 '당신의 최고작 5편만 꼽아달라'고 부탁한 적 있다. 당시 정정훈 촬영감독이 꼽은 5편과 짤막한 이유를 소개한다.

1.

<마른 꽃>
乾いた花

감독 시노다 마사히로 | 촬영 코스기 마사오 | 1964 | 96분 |
흑백 | 2.35:1(Shochiku Grandscope) | 35mm

"촬영만 돋보이는 영화가 있다. 개인적으로 그런
촬영은 좋은 촬영이라고 생각하지 않는다. 감독의
연출, 배우의 연기, 이야기, 카메라가 맞물려
작용했을 때 좋은 촬영이 나올 수 있다고 생각한다.
한 편의 연극을 본 것 같은, 한 편의 소설을 읽은 것
같은 느낌을 이 영화의 촬영이 만들었다. 정확한
카메라의 움직임과 적절한 조명이 하나하나
정교하다."

2.

<암살단>

The Parallax View

감독 앨런 J. 파큘라 | 촬영 고든 윌리스
1974 | 102분 | 컬러 | 2.39:1 | 35mm(Eastman 100T 5254)

"지금 나오고 있는 영화들과 견주어도
뒤지지 않는…"

3.

<로드 투 퍼디션>
Road to Perdition

감독 샘 멘데스 | 촬영 콘래드 홀
2002 | 117분 | 컬러 | 2.35:1 | 35mm(Eastman EXR 100T 5248,
Kodak Vision 500T 5279)

"<올드보이> 찍기 전에 개봉했던 영화다.

모든 장면이 완벽하다. 콘래드 홀의 촬영을 보면서

오랫동안 촬영을 하고 싶다는 마음이 생겼다."

4.

<탄생>
Birth

감독 조너선 글레이저 | 촬영 해리스 세이비데즈
2004 | 100분 | 컬러 | 1.85:1 | 35mm (Kodak Vision2 500T 5218)

"해리스 세이비데즈 촬영감독 제발 환생해주세요!"

5.

<위험한 정사>
Fatal Attraction

감독 에이드리언 라인 | 촬영 하워드 애서턴
1987 | 119분 | 컬러 | 1.85:1 | 35mm

"더하지도, 덜하지도 않은 촬영이 적절한
편집을 만났을 때."

PART 3

홍경표 5:
봉준호의 세계에 탑승하다.

데뷔한 뒤로 쉴 새 없이 달리던 홍경표 촬영감독에게 중요한 전환점이
된 작품이 있다. 봉준호 감독의 <마더>다. <마더>는 이후 <설국열차>,
<기생충>으로 이어지는 두 사람의 여정의 출발선이다. 홍경표 촬영감
독이 <마더> 촬영을 맡은 건 봉준호 감독과의 운명적인 만남에서 시
작됐다. 홍 촬영감독은 미완의 할리우드 진출작 <파이어베이>를 준비
하러 미국 L.A.에 갔다가 그곳에서 봉준호 감독을 만나 함께 식사를
했다. <파이어베이>는 1961년 전면전으로 치닫던 미국과 쿠바의 대립
을 배경으로, 당시 쿠바에 투입된 미국 특전사 1,200여 명이 희생된
비극을 그려낸 이야기다. 랜달 프라이드 감독과 <진주만> 제작을 진행
했던 헥토르 로페즈 프로듀서가 <태극기 휘날리며>에서 홍경표 촬영
감독의 촬영을 인상적으로 보고 그에게 카메라를 맡겼다. 멕시코와 도
미니카 공화국을 4개월 동안 오가며 촬영을 준비했지만, 영화는 촬영
시작 일주일 전에 제작이 연기됐다. 부푼 마음을 안고 도전했던 프로
젝트가 무산되어 좌절하고 있던 그에게 고국에서 온 봉준호 감독이
구상하고 있던 신작 얘기를 한 것이다. 홍경표 촬영감독의 아련한 기
억에 따르면 "(봉)준호가 '컬러도, 빛도 미세하게, 섬세하게 표현하고
싶다'며 나와 함께 작업하고 싶었다"고 한다. 그것이 두 사람의 운명 같
은 만남이었다.

<마더>는 빛과 어둠 그리고 색감을 인물의 감정 변화에 따라 미세하게, 그러면서도 강렬하게 표현하는 것이 중요한 작품이었다. 봉준호 감독과 홍경표 촬영감독이 촬영 전 아나모픽 렌즈와 2.35:1 화면 비율을 선택한 것도 주인공 엄마(김혜자)의 얼굴, 그중에서도 그녀의 눈빛을 깊이 담아내기 위해서다. <마더>의 2.35:1 화면비율은 전작 <괴물>의 1.85:1보다 화면 좌우가 더 넓어진 사이즈다. 멀리 있는 사람을 풀숏으로 담아내면 이미지가 거의 뭉개지다시피 하는 보통 렌즈와 달리 아나모픽 렌즈는 먼 데서 걸어가는 김혜자의 눈이며, 미세한 표정이며, 바람에 흩날리는 스카프며, 걸음걸이며 작은 움직임과 디테일까지 정확하게 포착한다. 이처럼 화면 모든 부분이 선명하게 보이는 아나모픽 렌즈를 사용한 건 인물의 감정을 정확하게 관객에게 전달하기 위해서였다. <마더>에서 아나모픽 렌즈는 클로즈업숏에서도 제 역할을 톡톡히 한다. 김혜자 배우의 얼굴 클로즈업숏은 아들 도준에 대한 감정의 역사를 켜켜이 쌓아 올리는 역할을 해낸다.

　　홍경표 촬영감독은 빛과 자연을 적극적으로 화면 안으로 끌어들이는 것을 촬영의 키포인트로 여겼던 듯하다. 그의 카메라가 포착한 해와 바람은 <마더>에서 결정적인 아름다움을 만들어 낸다. 자연광을 제대로 구현하기 위해서는 해의 움직임을 정확하게 파악해야 했다. 이 영화 속 모든 장면은 이 '자연광의 장인'들이 원하는 해가 나올 때까지 기다리고 또 기다려 한 땀 한 땀 만들어 낸 것이다. 매일 수십 신을 찍어야 하는 OTT 시리즈의 시대에선 감히 상상조차 못 하는 인내심이다. 만드는 사람의 정성을 알았는지 <마더>에선 바람도 마법같이 불어와 프레임에 쏙 들어온다. 지나가는 인서트 장면조차 넋 놓고 감탄할 만큼 명장면이다. 많은 사람들에게 여전히 회자되는 이 영화의

오프닝 시퀀스와 엔딩신을 나 또한 정말 좋아한다. 오프닝 시퀀스는 볼 때마다 '이상하다'. 바람이 음울하게 부는 너른 들판에서 김혜자 배우가 괴상한 표정을 지은 채 음악에 맞춰 춤을 추는 장면 말이다. 이 시퀀스는 이제부터 김혜자 배우가 연기할 '마더'를 소개하는 동시에 앞으로 그녀에게 심상치 않은 일이 일어날 것 같은 분위기를 부여한다. 화면 가득 채운 노란 들판이며, 그 너른 들판을 부드럽게 감싸 안는 햇빛이며, 무표정이다가도 금세 웃음을 살짝 드러내는 김혜자의 표정이며, 그녀의 춤사위에 맞춰 구슬프게 흐르는 음악이며…. 이 모든 요소들이 살아 숨 쉬는 듯한 화면에 마지막 방점을 찍는 건 역시 살랑살랑 부는 바람이다. 바람만으로 그 어떤 테크닉보다 강한 힘이 이야기의 정서를 화면 밖으로 고스란히 전달한다.

엔딩신도 오프닝 시퀀스 못지않게 여운이 오래 남는다. 석양이 역광으로 버스 창가를 쫙 비추고, 그 빛이 버스 안에서 단체로 춤을 추는 여자들의 실루엣을 따라 떨어지는 원 신 원 테이크 장면은 그야말로 마술 같은 순간이다. 해가 카메라에 떨어지는 각도가 무척 중요한 장면이었다. 조건에 맞는 장소를 찾기 위해 제작진은 전국을 뒤졌다. 그럼에도 카메라 화각에 맞게 해가 떨어지려면 사흘 안에 찍어야 했고, 그것도 해가 넘어가기 전 단 10분 안에 촬영해야 하는 아주 어려운 장면이었다. 로케이션, 시간, 날씨, 해, 바람 등 모든 박자가 정확하게 맞아떨어져야 나올 수 있는 장면이었다.

또 그 엔딩신 바로 직전, 카메라가 '마더'가 앉은 자리까지 버스 의자를 넘듯이 쭉 들어가는 장면도 기가 막혔다. 버스 복도에는 십수 명의 여자들이 춤을 추고 있는데다 좌석까지 다닥다닥 붙어있어 체구가 큰 카메라가 움직일 수 있는 공간 자체가 없었을 텐데 어떻게 이처럼 자연스러운 카메라 워크가 가능한지 궁금했다. 나중에 홍경표 촬영감독에게서 뒷이야기를 들었는데, 그 장면은 <마더>에서 유일하게 VFX 작업이 들어간 장면이란다. "버스 좌석을 뜯어봐도 화각을 확보하는 게 어렵겠더라. 그래서 카메라 본체가 그 사이에 들어가서 VFX 팀과 버스 좌석을 다 뜯어내고 찍기로 협의했다. 그러니까 버스 좌석을 VFX로 만든 장면이라 관객들이 눈치채지 못한 것"이라는 게 홍경표 촬영감독의 설명이다.

엄마가 문아정(문희라)이 죽은 폐가를 찾아가 건물 옥상에 서 있는 문현동 밤 장면도 개인적으로 좋아한다. 건물 옥상 뒤로 보이는 주택가 전체에 텅스텐 조명을 일일이 세팅한 장면이다. 비가 추적추적 내리고 시간은 밤이고… 촬영부와 조명부가 얼마나 고생했을지 짐작이 된다. 이 밖에도 폐쇄된 공간임에도 숏마다 앵글과 움직임을 조금씩 달리한 구치소 면회 신, 도준과 엄마가 나란히 누워서 자는 모습을 약간 삐딱한 앵글로 찍은 장면, 도준과 엄마의 식사 장면, 소변을 보는 도준에게 한약을 조금이라도 더 먹이려는 회색 벽 시퀀스, 자연광으로 비춘 진태(진구)의 집 등도 기억에 남는다. 한 장면 한 장면 빼놓을 수 없이 모든 촬영이 훌륭하다. <마더>는 동료 촬영감독에게도 많은 자극을 주었다. 이후 자세히 언급하겠지만, 정정훈 촬영감독도 <아가씨>를 찍을 때 아나모픽 렌즈를 선택한 건 "<마더>에서 받는 자극" 때문이라고 알려주었다.

봉준호 감독과 홍경표 촬영감독의 호흡은 그들의 첫 글로벌 프로젝트인 <설국열차>로 이어졌다. 동명의 만화를 원작으로 하는 <설국열차>는 송강호, 크리스 에반스, 존 허트, 에드 해리스, 틸다 스윈튼, 제이미 벨 등 국내외 배우가 출연했고, 제작비만 무려 400억 원이나 투입된 프로젝트다. 이 영화는 홍경표 촬영감독의 전체 필모그래피를 통틀어 회차도, 제작비 규모도 가장 큰 작품이다. 프리 프로덕션부터 프로덕션 내내 해외(체코) 로케이션을 진행한 프로젝트이기도 하다. 특히 기차라는 제한된 공간 안에서 벌어지는 서사를 카메라에 담아내는 게 결코 쉬운 작업이 아니었을 것이다. 더군다나 <설국열차>는 봉준호 감독과 홍경표 촬영감독의 마지막 필름 영화이다. 디지털카메라가 충무로 촬영 현장에 자리를 잡아가던 때다. 마지막 필름 영화의 기억에 대해, 홍경표 촬영감독은 잠을 편하게 잔 날이 없었다고 말한 적 있다. "현상소에서 '네거티브가 괜찮다. 잘 나왔다'는 연락을 새벽에 이메일로 보냈다. 그걸 확인해야 잠을 잘 수 있었다."

　　<설국열차>에서 봉준호 감독과 홍경표 촬영감독은 카메라의 움직임에 명확한 원칙 몇 가지를 정했다. 거의 모든 장면에서 '카메라는 화면 왼쪽에서 오른쪽으로 움직인다'는 것도 중요한 원칙이었다. 1년 365일 내내 전 세계를 돌고 도는 기차에서 벌어지는 이야기라, 반란을 일으킨 꼬리칸 사람들을 따라간다고 했을 때 카메라는 왼쪽에서 오른쪽으로 향할 수밖에 없기 때문이다. 커티스(크리스 에반스), 에드가(제이미 벨) 등 등장인물의 얼굴 오른쪽이 주로 보이는 것도 그런 이유에서다. 빛도 이처럼 기차의 특성에 맞게 움직이는 카메라에 따라 설계됐다. 꼬리칸은 좌우 창이 모두 닫혀있어 자연광이 당연히 들어올 리 없고, 내부 조명은 복도 천장에 달린 낡은 형광등에 의존하는 탓에 전반적으로 어두컴컴하다. 앞으로 나아갈수록 점점 높아지는 계급에 따라 빛은 화려해진다. 아이들이 수업을 받는 교실의 환한 빛, 퇴폐적인 클럽의 조명을 떠올리면 더욱 극명하다. 이처럼 각기 다른 칸의 특징에 따라 변모하는 빛 설계는 반란을 일으킨 꼬리칸 사람들이 각 칸의 문을 차

례로 열어나갈 때마다 또 어떤 풍경이 펼쳐질지 궁금하게 한다.

개인적으로 <설국열차>에서 좋아하는 장면은 크게 세 가지다. 먼저, 꼬리칸 사람들과 복면을 쓴 채 도끼와 창을 든 윌포드 일당이 살육전을 벌이는 예카테리나 브리지 시퀀스. 기차 좌우 창가에서 들어오는 빛을 영화적으로 컨트롤하는 홍경표 촬영감독의 진면목을 감상할 수 있다. 터널에 들어갔을 때 기차 안은 형광등 하나에 의존해 있어 어두컴컴한데, 터널을 빠져나오자마자 양쪽 창문에서 들어오는 날카로운 직사광선이 인상적이다. 커티스가 도끼를 휘두르는 액션 시퀀스도 처음에는 어두웠다가 갑자기 직사광선이 환하게 들어오는 설정으로 설계됐는데, 고속촬영으로 담아낸 그의 몸놀림이 무척 아름답고, 그래서 더욱 처절하다.

긴 터널에 진입하여 사방이 어두운 장면에서 꼬리칸 사람들이 횃불을 들고 싸우는 장면도 매우 드라마틱하고 강렬하다. 이 시퀀스에서 사용된 횃불과 성냥불은 모두 진짜 불이다. 소품이자 조명으로 활용된 것이다. 조금만 잘못해도 큰불이 번질 수도 있는 위험을 감수하면서까지 진짜 횃불을 사용한 덕분에 꼬리칸 사람들의 절박함이 더욱 실감 나게 다가온다. 같은 '빛'이라도 횃불은 열차 복도 형광등이나 좌우 창문에서 쏟아지는 자연광과는 완전히 다른 뜨거움을 선사한다.

마지막으로, 꼬리칸 사람들을 따라 왼쪽에서 오른쪽으로 움직이는 원칙을 고수하던 카메라가 딱 한 번 적극적인 카메라 무빙을 선보이는 장면이 있다. 꼬리칸에서 반란을 일으킨 커티스가 남궁민수(송강호)에게 열차에서 어떤 일이 벌어졌는지 전말을 들려주는 영화의 후반부 장면이다. 커티스의 얘기를 듣고 충격을 받은 남궁민수가 자신의 본심을 드러낼 때, 카메라가 그의 시선을 따라 처음으로 90도 꺾인다. 꽤 순식간에 움직이는 장면이라 깜짝 놀랐는데, 이후 남궁민수가 선택한 행동에 카메라가 설득력을 더해주는 장면이라는 점에서 의미가 크다. 카메라가 배우의 연기에 어떻게 합을 맞추는지 유심히 찾아보시라.

　　이처럼 <마더>와 <설국열차> 두 영화에서 홍경표 촬영감독이 보여준 결과물은 봉준호 감독과 홍경표 촬영감독이 서로 신뢰를 굳건히 쌓는 데 중요한 영향을 끼쳤다. 원하는 빛을 얻기 위해서 해를 기다리고, 해의 움직임을 예측하며, 우연히 불어오는 바람의 미세한 움직임까지도 놓치지 않으려는 그의 집요한 촬영 방식은 그가 단지 최고의 '테크니션'만은 아니라는 사실을 증명해 냈다.

홍경표 촬영감독이 촬영 틈틈이 스틸을 찍는 건 익히 알려진 사실이다. 현장에서 정신없이 집중하다가도 수시로 자신의 카메라인 '라이카 Q'를 꺼내서 마음을 움직인 순간을 찍곤 한다. 그처럼 슛이 들어가기 직전에 호주머니에서 카메라를 꺼내서 순식간에 사진을 찍을 수 있는 촬영감독은 많지 않다. 그가 <태풍>(2005, 곽경택)을 촬영할 때 처음 현장에서 사진을 찍기 시작했다. 그전에는 비디오카메라를 가지고 다니면서 영상을 찍었는데, <태풍> 해외 로케이션 촬영을 하면서 사진 촬영을 시작했다고 한다. <M>(2007)을 함께 작업했던 이명세 감독이 홍경표 촬영감독이 찍은 사진을 정말 좋아했다고 한다. "콘셉트대로 테스트한 사진을 다 모아서 라디오헤드의 음악에 맞춰 슬라이드로 쫙 틀어드렸더니, 정말 좋아하시더라."

그가 사진을 세상에 본격적으로 선보이게 된 건 봉준호 감독의 영화 <마더>(2009)부터다. <기생충>이 아카데미 시상식에서 4관왕을 차지한 뒤 서울에 막 도착한 그를 만나 <마더> 때 사진을 찍어야겠다고 생각한 이유가 무엇인지 물은 적 있다. 그는 "봉준호 감독과 작업할 때는 기록을 남기고 싶은 마음이 강하게 든다. 그의 현장은 영화적인 순간도, 재미있는 광경도 유독 많다. 현장에서 촬영하느라 사진 찍을 시간이 거의 없긴 하다. 그래도 마음을 움직이는 풍경을 발견하면 동물적으로 셔터를 누르게 된다.”고 답했다. <마더> 포스터도 그가 찍었다. 봉준호 감독이 “(<마더> 포스터는) 이야기의 성격상 현장에서 찍은 사진이 적합할 것 같다”며 영화 홍보사에 직접 홍경표 촬영감독을 추천한 것이다. 스틸 전문 작가도 아닌 촬영감독이 포스터 사진을 찍은 건 이례적인 일이다. 홍경표 촬영감독은 “조명만 해주려고 했는데 촬영까지 하라고 해서, 내가 찍던 방식대로 포스터 촬영을 진행했다. 입자나 느낌들이 조금 거칠게 나오도록 찍었다”고 말했다. 그만큼 봉준호 감독이 각별하게 여긴 홍준표 촬영감독의 현장 사진은 지난 2019년 <마더> 개봉 10주년을 기념해 『메모리즈 오브 마더: 마더 10주년 사진집』이란 제목으로 정식 출간 됐다.

　　<기생충> 촬영장에서도 그는 연신 카메라 셔터를 눌렀다. <기생충>을 찍기 전 어느 날 만난 홍경표 촬영감독이 <마더>와 <설국열차> 때 찍은 사진들을 내게 아이패드로 보여준 적 있다. 현장에서 배우에게 이런저런 주문을 하는 봉준호 감독의 모습, 영화에선 볼 수 없는 배우들의 자연스러운 표정, 프레임 바깥에서 땀 흘리는 스태프 등 그가 포착해 낸 영화 현장의 기쁨과 보람에 감탄할 수밖에 없었다. 이후 다시 만나 <기생충> 사진도 구경하게 됐다. <마더>처럼 <기생충> 스틸 또한 봉준호 감독을 위주로, 또 흑백을 염두에 두고 찍었다고 했다. 이 재미난 사진들을 혼자서 보기엔 아깝다는 생각이 들어, 그가 찍은 <기생충> 현장 사진을 『씨네21』에 소개하자고 제안했다. 그렇게 <기생충>이 아카데미 4관왕을 차지한 기념으로 만들었던 『씨네21』 1243호 <기생충> 스페셜 에디션에 홍경표 촬영감독의 흑백 사진 2매를 각각 총 4페이지에 걸쳐 아주 크게 실었고, 이후 <기생충> 흑백 버전 극장 개봉을 앞두고 『씨네21』 1254호에서 그의 흑백 사진 15매를 주

간지로서는 쉽지 않은 분량인 장장 8페이지에 걸쳐 소개할 수 있었다.

그의 <기생충> 흑백 사진 중 내가 특히 좋아하는 컷은 기정(박소담), 기택(송강호), 기우(최우식)가 폭우 속에서 계단을 내려오는 주택가 골목길 장면이다. 비가 억수 같이 내리는 밤에 계단을 내려오는 세 사람이 반사된 빛에 명확하게 드러나는데, 그들 양옆에는 불 꺼진 깜깜한 주택가가 있다. 이 대비가 너무나 애잔하고 쓸쓸하다. 기택이 박 사장(이선균)의 회사를 처음 찾는 장면의 현장 풍경 사진도 좋아한다. 송강호와 봉준호 감독이 서로 반대 방향으로 몸을 돌리고 있고, 그 사이에서 붐 오퍼레이터가 휴대폰을 확인하는 구도가 재미있다. 어디서도 공개되지 않았지만 봉준호 감독이 배우에게 연기를 직접 선보이며 주문하는 사진도 여러 장 있다. 이때 봉 감독의 표정은 영화 그 자체가 된 것처럼 생생하고 재미있다(아마도 이 사진들은 영원히 공개되지 않을지도 모르겠다). 송강호, 이정은, 박명훈 등 배우들의 클로즈업 사진도 하나같이 매력적이다.

<기생충> 다음 작품으로 <다만 악에서 구하소서>(감독 홍원찬, 2020)를 촬영할 때도 그는 사진을 찍었다. 한국, 태국 방콕, 일본 도쿄 등 3개국에서 로케이션 촬영을 진행한 영화다 보니 사진에도 도시마다 제각기 다른 매력을 불어넣으려 했다. 모든 사진이 흑백이던 <기생충> 때와 달리 이때 찍은 사진에는 흑백과 컬러를 뒤섞었다. 그때 사진 중에서 개인적으로 매료된 건 레이(이정재)의 영화 속 첫 등장을 찍은 사진이다. 홍경표 촬영감독은 홍콩 액션 영화의 클래식한 정서를 화면에 담아내고자 했는데, 특히 고민을 많이 한 것이 영화에서 레이가 처음 등장하는 장면이라고 했다. 그래서 이미 레이 그 자체가 된 이정재의 클래식하면서도 세련된 매력을 사진으로 찍어 두면 실제 숏에서 레이를 촬영

하는 데 도움이 될 거 같아, 리허설할 때 현장 카메라 오퍼레이터에게 촬영을 맡긴 채 자신의 라이카로 사진을 찍곤 했다고 한다.

이 글을 쓰는 동안에도 그의 사진들을 자주 들여다봤다. 전문 스틸 포토그래퍼가 찍은 영화 스틸과는 또 다른 감흥을 준다. 어떻게 보면 현장의 중심인 카메라 바로 옆에서, 카메라의 시선으로 감독과 배우의 내밀한 순간을 담아냈다고 할까. 그래서인지 때로 그의 사진에서 영상보다 더 생생하고 많은 서사를 발견하기도 한다. 홍경표 촬영감독의 사진을 만날 기회가 있다면 꼭 구석구석 천천히 감상하길 권한다.

홍경표 촬영감독은 자신의 필모그래피 사상 가장 오랫동안 붙들고 있었던 <기생충>을 끝낸 뒤에도 쉴 새 없이 영화를 찍었다. 2019년 겨울 김태곤 감독의 신작 <탈출: 프로젝트 사일런스>를 찍었고, 2020년 봄 고레에다 히로카즈의 첫 한국영화 <브로커>를 촬영한 뒤 곧바로 일본 도쿄로 넘어가 이상일 감독의 신작 <유랑의 달>을 끝냈다. 2020년 한 해 동안 세 편의 영화를 연달아 작업한 것이다. 홍경표 촬영감독이 <브로커>를 끝내고 도쿄로 가기 직전에 경기도 일산에서 그를 만났다. 그 자리에서 <브로커> 촬영 현장에서 찍은 사진을 볼 수 있었다. 그는 "고레에다 히로카즈 감독 현장은 봉준호, 나홍진, 이창동 등 지금까지 작업한 감독들과는 또 다른 재미가 있었어"라며 크게 웃었다. 여름이 지난 뒤 덱스터의 색보정실에서 다시 만났을 때 그는 도쿄와 요코하마에서 찍었던 <유랑의 달> 사진을 보여주었다. 그가 찍은 히로세 스즈와 마츠자카 토리는 확실히 새로운 모습이었다. 언젠가는 그의 사진을 더 많은 사람들이 볼 수 있게 되길.

<스토커>는 박찬욱 감독과 정정훈 촬영감독, 두 콤비의 첫 할리우드 영화다. 정정훈이 <스토커> 촬영감독 제안을 받은 건 2010년 12월쯤 이었다. 그전부터 박찬욱 감독과 함께 할리우드 진출을 준비해 왔던 까닭에 크게 놀라진 않았다고 한다. 비슷한 시기에 박찬욱 감독은 할 리우드 스튜디오로부터 정정훈이 아닌 다른 촬영감독을 제안 받기도 했으나 박찬욱 감독은 자신의 미국행 파트너로 정정훈을 선택했다. 처음 읽은 <스토커> 시나리오는 "채워야 할 게 많은 이야기"였다고 한다. 그건 그에게 가장 큰 고민이자 기회이기도 했다. "채워 넣을 게 많은 만큼 시도할 수 있는 것도 많을 것 같았다"라는 게 당시 정정훈이 해 준 얘기다.

촬영 전 정정훈 촬영감독과 박찬욱 감독이 상의한 촬영 원칙은 "주인공 인디아(미아 바시코프스카)가 등장하든 하지 않든 모든 장면 에, 그러니까 이 영화의 모든 관계의 중심에 인디아가 있어야 한다"는 것이다. 이를테면 이블린(니콜 키드먼)과 찰리(매튜 구드) 둘이서 대화 하는 장면에서도 카메라는 둘을 훔쳐보는 인디아를 시시각각으로 따라다닌다. 이블린과 인디아, 인디아와 찰리, 찰리와 이블린의 물고 물리는 관계의 역동을 따라 전개되는 이야기인데도 카메라가 인디아를 좇는 이유는 이 영화가 어디까지나 인디아라는 18살 소녀의 성장담이

기 때문이다. <스토커>는 한 소녀가 알을 깨고 나오는 과정을 그려낸 박찬욱 감독 표 '데미안'인 셈이다.

<스토커>에서 가장 많이 등장하는 공간은 인디아, 이블린, 찰리가 함께 사는 스토커 가문의 저택이다. 이 집은 영화의 또 다른 주인공처럼 보이기도 한다. 총 40여 회차 중에서 27, 28회차를 이 저택에서 찍었기 때문이다. 세트처럼 보이지만 실제 집을 섭외한 공간이다. 창문이 많이 달려 실내로 들어오는 광량이 풍부해 정정훈 촬영감독은 자연광을 최대한 활용하는 방식으로 빛을 설계했다. 매시간 달라지는 해의 위치에 따라 콘트라스트를 신경 쓰는 게 촬영감독으로서 그의 주요 임무였다. 동시에 인물에 떨어지는 그림자의 위치 또한 컷의 연결에 맞게 조정해야 했다. 공간이 그렇게 넓지 않은 집이다 보니 밝을 때는 너무 밝고 어두울 때는 너무 어두워, 빛의 양을 너무 밝지도 어둡지도 않게 조절하는 것도 까다로웠다고 한다. "붉은색의 이블린 방과 노란 톤의 인디아 방은 너무 밝으면 <이상한 나라의 앨리스> 같은 판타지로 보일 수 있고, 너무 어두우면 분위기가 무거워질 수 있"기 때문이다.

영화는 실내 공간에서 벌어지는 이야기가 많다. 소녀가 깨고 나와야 하는 '알'이 마치 스토커 가문의 집인 양 이야기의 시간은 대부분 집 안에서 흐른다. 반대로 저택 바깥 장면은 저택 정원, 놀이터, 묘지, 사냥터, 아버지와 찰리가 함께 차를 타고 가는 숲길, 인디아가 경찰관을 만나는 영화의 엔딩신 정도다. 모든 장면을 공들였지만, 그중에서도 저택 내부는 식사 시퀀스를, 외부는 놀이터 시퀀스에 특히 신경을 많이 썼다. 먼저 삼촌 찰리가 이블린과 인디아가 사는 집으로 들어와 세 사람이 처음으로 함께 식사를 하는 시퀀스는 대화로만 구성된 장면이다. 이 대화를 통해 이블린이 집 밖을 거의 나오지 않는 여자고, 인디아

가 평소 피아노를 친다는 기본적인 정보를 제공한다. 동시에 이블린이 찰리에게 "우리 여자들을 죽이려고 음식에 독이라도 탔냐"고 농을 던지는 장면은 단순히 어색함을 깨뜨리려는 의도보다는 이후에 벌어질 사건을 암시하는 분위기를 조성하기도 한다. 정정훈 촬영감독의 카메라는 이 세 사람의 표정을 통해 대화의 서스펜스를 차곡차곡 쌓아올린다. 정정훈 촬영감독은 "대화만으로 구성됐고, 짧은 대화를 통해 인물의 관계와 감정의 변화를 보여줘야 한다는 점에서 결코 쉽지 않은 촬영"이었다고 한다.

놀이터 시퀀스는 인디아가 그녀의 학교 동급생인 윕을 찾아와 숲속 놀이터로 함께 걸어가 대화를 나누는 밤 장면이다. 윕은 항상 A만 받는 우등생이 밤에 자신을 찾아온 것에 대해 의아해한다. 인디아는 그런 윕에게 "나를 잘 모르잖아"라며 자신에게도 여러 모습이 있다는 얘기를 한다. 이들이 짧게 나누는 대화는 앞으로 벌어질 일을 예고라도 하는 듯 한편으로는 동화 같으면서도 한편으론 성적 긴장감이 흐르고, 신비로운 동시에 서늘한 느낌을 준다. 중요한 신인데 일정은 촬영 초반에 잡혀 있고 심지어 밤 장면이라 안 그래도 부담이 컸는데, 실제 섭외된 놀이터에 가보니 조명을 세팅하기가 난감한 장소였다고 한다. 촬영 날까지도 어떻게 찍어야 하나, 다른 놀이터를 섭외해야 하는 건 아닌가 고민이 많았다는 장면이다.

개인적으로 경관이 인디아의 집을 찾아와 동급생의 실종을 알리면서 인디아의 알리바이를 조사하는 후반부 시퀀스를 좋아한다. 컷 분할 없이 카메라와 인물의 동선을 정교하게 설계한 장면이다. 처음에는 카메라가 집을 방문한 경관과 인디아를 투숏(two shot)으로 담아낸다. 그들이 복도 쪽으로 걸으며 이동하는 모습을 계속 따라간다. 그러다가 카메라는 곧 두 사람의 뒤로 빠져나온 뒤 복도에 있던 찰리를 함께 한 프레임으로 담아내며 풀숏으로 잡는다. 꽤 복잡한 동선인데도 컷 분할 없이 한 테이크로 찍은 장면이다. 스토리보드 작업 때까지만 해도 이 시퀀스는 몇 개의 컷으로 나뉘어 있었다고 한다. "경관의 등장이 인디아와 찰리, 그리고 그들을 지켜보는 관객에게 긴장감을 주는 장면인데, 어떻게 하면 그 긴장감을 최대치로 담아낼 수 있을지를 고민했다. 내린 결론은 한 테이크로 그들을 계속 지켜보는 것"이었다. 박찬욱과 정정훈의 걸출한 롱테이크숏인 <올드보이>의 장도리 액션신과 전혀 다른 감흥을 주는 롱테이크다. <올드보이>의 그 유명한 장도리 액션신 또한 처음에는 여러 컷으로 분할해 찍기로 계획했다가 현장에서 나온 롱테이크 아이디어를 받아들이며 극적으로 탄생한 장면이다. 사전에 철저하게 계획한 콘티대로 찍는 것이 최상의 결과물을 보장하는 가장 좋은 방법임에 이견 없지만, 이처럼 현장에서 즉흥적으로 나오는 아이디어를 적극 반영하여 얻게 된 놀라운 장면 또한 영화라는 예술의 '영화 같은 즐거움' 중 하나인 것 같다.

이토록 섬세하게 설계되었지만, 할리우드 영화라고 해서 한국 촬영보다 준비 과정이 유달리 특별했던 건 아니다. <스토커>의 프리 프로덕션 작업 역시 정정훈 촬영감독이 박찬욱 감독과 함께 만든 전작의 프리 프로덕션 과정과 대체로 비슷했다. 문제는 타이트하기로 악명 높은 할리우드 영화의 촬영 회차였다. 그 어느 때보다 스토리보드 작업을 치열하게 준비했음에도 처음 경험한 할리우드에서는 충무로에서 온 두 영화인이 서로에게 의지하고 또 의지해야 하는 상황들이 계속해서 생겨났다.

"실수로 카메라 세팅을 약속된 곳이 아닌 다른 곳에 한 적 있다.

스태프들에게 일일이 사과했다. 그런데 박찬욱 감독님이 부르시더라. '잘못 전달받은 것 같아 다른 스태프들에게 촬영 순서가 바뀌었다고 거짓말했는데, 거기서 네가 실수한 거라고 인정하면 어떡하냐'라더라. 그때 처음 울었다." 이렇게 우여곡절을 겪으며 고작 40여 회차로 첫 할리우드 영화를 찍은 경험은 그다음 작품인 <아가씨>에도 적지 않은 영향을 끼쳤다.

<아가씨>와 정정훈의 댄스 플로어

칸영화제에서 박찬욱 감독의 영화 <아가씨>를 처음 봤던 기억이 아직
도 잊히지 않는다. 칸의 메인 상영관인 뤼미에르 대극장 앞은 아침 8시
반부터 <아가씨> 프레스 시사를 보기 위해 줄을 선 기자들로 가득했
고, 3천 석의 좌석은 순식간에 꽉 찼다. 심사위원 대상을 받았던 <올
드보이>(2004), 심사위원상의 <박쥐>(2009) 이후 '깐느박'의 7년 만
의 경쟁부문 진출작이었다. 상영 전부터 거는 기대가 남달랐다. 경쟁
부문 상영작 대부분이 만석이긴 하지만, 그걸 감안해도 <아가씨>에
대한 열기가 유독 뜨겁다는 것이 현장에서 느껴졌다.

　　"영화 어땠어요?" 상영이 끝나기가 무섭게 정정훈 촬영감독에
게서 메시지가 왔다. 전 세계에서 최초로 공개되는 자리라(그해에는
프레스 시사가 프리미어 상영 하루 전날에 있었다) 촬영감독이 의도
한 대로 스크린에 구현됐는지, 혹여 상영 사고는 없었는지, 기자들이
지루해하진 않았는지 궁금하고 초조했을 것이다. 나는 그에게 "너무
재미있게 봤다"고 답장했다. 정말 시간 가는 줄 모르고 봤다.

<아가씨>는 박찬욱 감독의 필모그래피가 그리는 궤적에서 가장 멀찍
이 떨어진 작품이었다. 시대극이고, 두 여성 주인공을 전면에 내세운 서
사이며, 대사가 무척 많다. 그렇다고 이 영화가 전작과의 유사성을 찾아
볼 수 없다는 뜻은 아니다. 성에 갇힌 소녀가 탈출을 감행하며 성장한

다는 점에서 <싸이보그지만 괜찮아>(2006), <스토커>(2012)와 같은 계보로 묶을 수 있고, 같은 사건을 각기 다른 인물의 시선에서 바라본다는 점에서 <공동경비구역 JSA>(2000)나 <복수는 나의 것>(2002)이 연상되기도 한다.

촬영 면에서도 <아가씨>는 정정훈 촬영감독의 전작에 비해 카메라 이동이 많고, 정교하며, 배우들의 감정을 자연스럽게 담아낸다는 점에서 인상적으로 차별화되어 있다. 이 영화는 세트 촬영이 로케이션 촬영보다 더 많다. 물리적인 출연 비중이 가장 높은 세트는 단연 코우즈키(조진웅) 저택이다. 코우즈키 저택은 크게 본채, 별채(서재), 하인 숙소로 구성되어 있다. 본채는 모든 등장인물(심지어 하인까지도)이 드나드는 양관 응접실, 숙희(김태리)의 방, 하인 숙소로, 별채는 실내 정원과 낭독 무대로 이루어져 있다.

인상적인 건 류성희 미술감독이 디자인한 방들이 하나같이 매우 크다는 사실이다. 그건 박찬욱 감독의 판단이었다. 박찬욱 감독은 『씨네21』과의 인터뷰에서 "서재는 코우즈키의 우주이기 때문에 인물을 압도할 만큼 커야 한다고 처음부터 주장했다. 그보다 작았으면 슬펐을 것 같다"며 "독회에 참석한 손님들이 앉아 있으면 왜소해 보일 정도"라고 말한 바 있다. 이처럼 세트가 크게 디자인된 건 정정훈 촬영감독이 아나모픽 렌즈를 선택한 것과도 깊은 관련이 있다. 아나모픽 렌즈는 상의 좌우를 압축한 상태로 필름에 기록한 뒤 특수 영화기나 디지털 작업으로 이미지를 다시 펼쳤을 때 일반 렌즈보다 더 넓은 화각과 얕은 심도를 보여줄 수 있는 렌즈다. 필름의 모든 면적을 사용하기 때문에 화면의 아래 위를 잘라서 스코프 비율을 만드는 것보다 화질이 더 좋다는 장점도 있다. 보통 시네마스코프 영화에서 아나모픽 렌즈를 사용한다.

정정훈 촬영감독에게 아나모픽 렌즈의 영감을 준 건 다름 아닌 홍경표 촬영감독이 찍은 <마더>(2009)였다. 정정훈 촬영감독이 <마더> 세트장에서 홍경표 촬영감독을 만났던 일화를 얘기한 적 있다. "어떤 렌즈를 열심히 들여다보고 계시기에 '뭐예요?'라고 물었는데, 렌즈 특성을 얘기 안 해주고 '케이스 하나에, 렌즈 하나야'라고 하셨다. (웃음) 그게 아나모픽 렌즈였다. <마더>를 본 뒤 언젠가 써보고 싶었는데, 우리나라에선 구하기 힘들었다." 결국 정 촬영감독은 <스토커>를 미국에서 찍으면서 친해진 장비상들과 직접 연락을 주고받으며 <마더> 때 홍경표 촬영감독이 썼던 호크 렌즈(빈티지 광각 렌즈의 한 종류)를 공수하기로 했다. "호크 중에서도 시대물에 잘 어울리는 74 빈티지 렌즈로 선택했다. 고생 많이 했다. 렌즈가 일본 촬영 직전에 도착해 부랴부랴 테스트부터 했는데, 화면 위아래의 샤프니스가 되게 안 좋아서 당황했다. '큰일 났다. 영화 말아먹겠다'는 생각이 들 정도였다.(웃음)" 우려와 달리 아나모픽 렌즈에 대한 그의 과감한 도전은 대성공이었다.

정정훈 촬영감독, 류성희 미술감독, 조상경 의상감독, 송종희 분장감독, 김상범 편집감독, 정서경 작가, 제작자 임승용으로 구성된 '팀 박찬욱'의 노련함은 <아가씨>의 세계를 완벽하게 직조해 냈다. 박찬욱 감독과 정정훈 촬영감독이 세트장 바닥에 레일을 까는 대신 댄스 플로어(Dance Floor)를 도입했다. 댄스 플로어는 합판과 아크릴, 플라스틱을 깔아 바닥을 매끄럽게 만드는 세팅으로, 카메라를 여러 방향으로 유연하게 움직여 "배우의 감정을 자연스럽게 담아내기 위한 목적"이었다. <아가씨>에서 촬영, 연출, 미술, 분장 등 개별 파트가 각각 엄청난 존재감을 자랑하면서도 무엇 하나 유별나게 도드라지지 않고

톱니바퀴처럼 맞물려 정교하게 돌아간다는 인상을 주는 데는 카메라의 이 유연한 움직임도 한몫했다고 생각한다. 역시 모든 장면이 명장면인 영화다.

　정정훈 촬영감독에게 <아가씨>가 특별한 이유가 한 가지 더 있다. 이 작품으로 평생의 동반자를 만났기 때문이다. 그는 <아가씨>에서 일본어 통역을 맡았던 김유키에 씨와 결혼했다. 그 바쁜 촬영장에서 어떻게 눈이 맞았는지는 모르겠지만…. 한국에서 결혼식을 올린 두 사람은 얼마 지나지 않아 미국 L.A.로 건너갔다.

충무로 대세 정정훈,
할리우드의 구직자가 되다.

2013년 2월 중순, 한국 극장가에서 흥미진진한 대결이 펼쳐졌다. <신세계>와 <스토커>가 2월 21일과 2월 28일 한 주 간격으로 개봉한 것이다. 두 편 모두 정정훈 촬영감독이 찍은 영화였다. 같은 배우가 출연한 영화끼리 극장가에서 맞붙는 경우는 더러 있지만, 한 촬영감독이 찍은 영화끼리 경쟁하는 건 흔한 광경은 아니다. 두 편이 나란히 개봉하면서 각종 미디어에서 그를 찾았지만, 그는 이미 한국에 없었다.

<스토커> 촬영 전 정정훈 촬영감독은 할리우드 에이전시와 계약을 맺었다. L.A.에 집을 구하고, 어학원을 다니며, L.A. 생활을 위한 만반의 준비를 다 했다. '박수칠 때 떠나라'고 하지만 현실적으로 한국 영화계에서는 박수받을 때까지 충분히 오래 일하는 것 자체가 쉽지 않다. 백발이 되도록 카메라 뷰파인더를 보는 할리우드와 달리 나이 들면 '퇴물' 취급받는 충무로에선 '잘 나갈 때' 바짝 벌어야 한다. 촬영감독은 더욱 그렇다. 매년 재능 있는 신인이 갑자기 툭 튀어나와 그들의 자리를 위협하곤 한다.

정정훈 촬영감독이 밀려드는 작품들을 마다하고 할리우드라는 더 넓고 새로운 무대에 도전하기로 결심하게 된 계기가 <스토커>다. <올드보이> 때도 해외 여기저기에서 촬영감독 제안이 많이 들어왔다. 하지만 당시에는 적절한 때가 아니란 생각에 전부 고사했다 한다. 그러

다가 한참이 지난 후 <스토커>로 할리우드 스태프들과 함께 할리우드 시스템을 경험하며 자극받아 "죽이 되든, 밥이 되든 2년 정도 미국에서 일해 볼까"라는 결심을 하게 된 것이다. L.A.에서 지내던 정정훈 촬영감독이 <아가씨>를 찍기 위해 한국에 잠깐 들어왔을 때 그를 만나 할리우드행을 결심한 이유를 자세히 물은 적 있다. "오랫동안 일을 하고 싶었다. 현재 충무로에는 젊은 감독들이 많다. 어쩔 수 없이 그들은 그들 또래의 스태프들을 선호하게 된다. 그러던 중 미국의 누군가가 내 나이를 듣고 '되게 어리다'고 하니까……. 할리우드에서 외국인 촬영감독 대접을 받기보다 그곳을 기반으로 자연스럽게 활동하는 촬영감독이면 좋겠다는 생각이 들었다. 나의 경쟁력이 어느 정도일까 시험해 보고도 싶었고. 그래서 그곳에 가기로 했다." 미국에서 '되게 어리다'곤 하지만, 그럼에도 40대 중반이라는 적지 않은 나이. 영어가 능숙한 것도 아니고, 무엇보다 작품을 제안받고 가는 게 아닌 까닭에 문자 그대로 맨땅에서 시작해야 하는 그의 도전은 꽤 무모해 보였다.

충무로에서 인정받는 촬영감독이었기 때문일까. 그의 도전 소식에 주변 사람들은 걱정보다 응원을 보냈다고 한다. 당시 박찬욱 감독에게 '왜 정정훈 촬영감독의 도전을 말리지 않았냐'고 물은 적 있다. 그는 다음과 같은 세 가지 이유를 들었다. "일단 총각이니까. 딸린 식구 없는 몸이 뭘 못 해보겠나. 감독과 제작자들에 의해 선택되는 게 촬영감독의 운명이라면, 좀 더 큰 시장에 있는 편이 유리하다. 아니다 싶으면 '아, 잘 놀았다'하고 돌아오면 되는 거지. 두 번째 이유. 정정훈이 영어는 잘 못해도 필요한 건 다 알아듣고 주장하고 하더라. <스토커> 때였는데, 아는 단어 열 개 가지고 미국인 조감독과 논쟁하고 대판 싸우더니 나중에는 화해까지 하는 모습을 보면서 언어 구사 능력과 의

사소통 능력은 절대 같은 게 아니라고 느꼈다. 세 번째 이유. 실력이 있으니까. 요즘은 촬영 장비가 좋아지고 후반 공정에서 화면을 손볼 수 있는 여지가 많아져 촬영감독의 실력이 오직 '멋진' 화면을 찍어내느냐 아니냐로 평가되지 않는다. 오히려 작품 해석의 능력에 달렸다. 정정훈은 그런 면에서 누구보다 탁월하다."

정정훈은 주변 사람들의 응원을 등에 업고, 혈혈단신으로 충무로를 떠났다. 미국 L.A. 생활을 시작한 지 얼마 되지 않았을 무렵 그와 통화를 한 적이 있다. "한국엔 언제 돌아올 거냐"는 내 질문에 그는 자신 있게 대답했다. "가지고 간 돈, 다 떨어지면!(웃음)"

'가지고 간 돈'은 1년도 채 지나지 않아 바닥을 드러냈다. 충무로에서 모은 돈으로 초기 투자 비용이라 생각하며 아파트와 차를 빌리고, 어학원에 다니며 생활을 했지만 전 세계에서도 물가가 높기로 악명 높은 L.A.에서의 삶은 각오보다 훨씬 더 출혈이 컸다.

그의 L.A. 생활은 어학원 수업과 미팅의 연속이었다. "미국 가자마자 어학원부터 다녔다. 20대의 어린 친구들 사이에서 수업을 들었는데, 못 쫓아가서 선생님들에게 구박도 많이 받았다. 그것도 미팅 때문에 수업을 빠지는 날이 많아 한 달 정도 다닌 후론 더 이상 다니지 못했다." 촬영감독에게 미팅은 일종의 구직 활동이다. 에이전트를 통해 시나리오가 들어오면 읽어보고 에이전트가 주선해 준 미팅에 나간다. 마치 면접처럼 감독이나 제작자를 만나 작품에 관한 의견을 나누고 어필도 한다. 그러고 나면 남는 건 기다림이다. 그들에게 선택될 때까지 이 과정을 계속 반복하는 것이다. 에이전트가 있다고 해도 그들이 하는 일은 미팅 주선과 계약 진행뿐이고, 시나리오를 분석하고 미팅을 준비하는 등 실질적인 일은 온전히 그의 몫이었다.

한국에서 난다 긴다하는 그도 할리우드에서는 신인이었다. 필모그래피, 연락처 등 자신을 알리기 위해 홈페이지며 그간 찍었던 작품들의 쇼릴[13]을 직접 만들어야 했다. "내가 할리우드에서는 완전 신인이었기도 했지만, 신인이 아니어도 촬영감독이라면 쇼릴로 자신을 알리는 게 이곳에선 문화적으로 당연한 것이었다. 그래서 쇼릴은 다 만들었는데, 홈페이지는 만들다가 말았다.(웃음) 한국에서라면 내가 일 못하고 있으면 누군가가 '이런 사람 있다'고 추천이라도 해줬을 텐데 미국에서는 그런 게 없으니……. 그렇다고 영어를 잘해서 이 사람 저 사람 만날 수 있는 것도 아니고. 초반에는 영어 때문에 아주 힘들었다." 그러나 할리우드가 정정훈 촬영감독의 존재를 아예 몰랐던 것은 아니다. 그의 지난 작업에 매혹된 감독이나 제작자가 그와 함께 일하길 원하는 경우도 많았다. 하지만 그럴 때면 스튜디오 임원들이 반대하여 번번이 좌절되었다. 한국과 할리우드의 서로 다른 촬영 시스템 때문이었다. 예산을 가장 중요하게 여기는 스튜디오 임원들은 그와 함께하면 회차가 늘어날 거라는 이유로 반대했다. "한국에서 70회차씩 찍었던 사람이 20회차 촬영이 가능하겠냐는 회의적인 반응이 많이 나왔다. 너무 좋은 기회가 많았는데……. 일찍이 영어를 익혔더라면 내가 가진 능력을 어필할 수 있었을 텐데, 그러지 못하는 내가 답답했다." 그렇게 정정훈 촬영감독은 그의 할리우드에서의 처음 두 달을 '우울함'으로 기억한다. 매일 밤 술 없이 잠을 자지 못했고, 대낮에도 커튼을 치고 살았다. 할 일이 없어 집에서는 거의 잠만 잤다. "영어 공부한다고 책 펴놓고 있으면 왠지 모를 분노가 밀려왔다. 내가 여기서 뭐 하고 있나, 그러고."

13 show reel, 누군가에게 작품이나 필모그래피를 알릴 목적으로 제작한 홍보용 영상물.

집에만 틀어박힌 지 세 달쯤 지나고, 귀국을 고민하던 정정훈 앞에 구세주처럼 나타난 작품이 있었으니, 배우 로빈 윌리엄스의 유작 <블러바드>(감독 디토 몬티엘, 2014)다. "나 말고 촬영할 사람이 없었는지 몰라도, 내겐 굉장히 고마운 작품이었다. 38회차로 찍었던 <스토커>보다 짧은 회차를 집중적으로 소화하는 게 가능하다고 나 자신을 증명할 기회였다." <블러바드>는 정확히 20회차로 찍었다. <스토커>보다 절반이나 적은 스케줄이었던 셈이다. "가혹한 회차 수다. 이건 아니란 걸 알면서도 가야 하고, 맞춰야 한다. 이처럼 짧은 회차에서 현장 상황에 맞춰서 그때그때 대응한다는 건 있을 수 없다. 미리 완벽하게 구상을 해두지 않으면 안 되고, 한 치의 실수도 없도록 준비를 정말로 철저히 해야 한다." 촬영감독이 정해진 회차 안에 잘 찍어야 하는 건 충무로나 할리우드나 매한가지일 것이다. 하지만 할리우드는 시간과 예산에 관한 한 충무로보다 훨씬 엄격하다. 제작비 규모가 훨씬 크고, 배우 일정을 새로 조율하는 일도 거의 불가능하다. 그러니 날씨를 비롯한 여러 현장 상황이 받쳐주지 못한다 해도 어떻게든 진행해야 한다. 그날 촬영분을 못 찍으면 감독과 촬영감독만 손해다.

<블러바드>는 정정훈에게 짧은 회차도 능숙하게 소화할 수 있다는 것을 증명할 수 있는 기회였던 동시에 로빈 윌리엄스라는 할리우드 스타와 호흡을 맞출 수 있었던 작품이기도 하다. 처음에는 신경전도 있었다고 한다. 작업 스타일이 서로 달랐기 때문이다. "로빈 아저씨는 자신이 어디에 서 있어야 하고, 어디로 움직여야 하는지 정확하게 알아야만 연기를 하는 분이었다. 배우 생활 평생 그렇게 해왔다고 했다. 반면, 한국 현장에서는 배우들에게 서야 할 위치를 따로 정확하게 지정해 준 적이 없다. 한국에서의 방식대로 했더니, 그가 내게 촬영 시

작 이틀째까지 '내가 서야 할 위치를 왜 알려주지 않냐'고 하시더라."
하지만 아역 배우 출신으로 누구보다 배우의 마음을 잘 이해하는 정
정훈 촬영감독이기에, 로빈 윌리엄스도 그에게 마음을 열고 금세 현장
을 즐겼다고 한다. "작품 성격상 배우가 카메라 가까이에서 연기해야
했다. 연기하다가 갑자기 카메라 옆이나 뒤로 오시기도 하며 감당이
안 될 정도로 현장을 즐기셨다. 자연스럽게 앵글은 엉망이 되고.(웃음)
로빈 아저씨가 정말 잘해주셨다. 그의 가족들도 다 만났는데……." 그
런 각별한 기억 때문에 그는 더욱더 로빈 윌리엄스의 죽음을 쉽게 받
아들이지 못했다고 한다.

　　<블러바드>는 촬영감독 정정훈의 본격적인 미국 활동 신호탄
이 됐다. 그와의 작업에 디토 몬티엘 감독도 크게 만족했고, 덕분에 할
리우드에서 정정훈 촬영감독의 평판도 높아졌다. 정해진 회차를 넘기
지 않고, 함께 작업하기에 전혀 문제없는 촬영감독이라고 말이다. 그러
자 광고가 들어오기 시작했다. "광고를 안 할 수가 없다. 당시 미국에서
했던 작품은 저예산 영화들이다. 그 시절엔 광고를 하거나 하기 싫은
작품을 하거나 둘 중 하나를 선택해야 했다. 나는 하기 싫은 영화를 하
느니 광고를 선택했고, 광고를 찍을 땐 간과 쓸개를 냉장고에 넣고 현
장에 나갔다.(웃음)"

　　점차 영화 시나리오도 많이 들어왔다. 그중 눈에 띄는 저예산
시나리오가 있었다. 감독과도 어느 정도 함께 하기로 이야기가 됐는데,
고민하던 정정훈은 결국 촬영을 거절했다. 결정적인 이유는 스튜디오
의 태도였다. 그에게 쇼릴을 요구한 것이다. "지금이었다면 그런 결정을
내리지 않았을 텐데, 당시엔 쇼릴을 보여달라고 요구한 게 자존심이 상
했다. 신인이라는 마음으로 미국으로 간 건데 잠깐 그 사실을 망각하

고 있었다. 좋은 시나리오였다. 거절을 하긴 했지만 그날 잠을 못 잘 정도로 아쉬웠다. 아직도 마음이 아프다." 그렇게 떠나보낸 그 작품은 그해 오스카 수상작 중 한 편이 됐다.

이처럼 여러 이유로 인연이 닿지 않은 작품도 많다. 다니엘 크레이그와 르네 젤위거의 캐스팅으로 화제를 모았던 법정 미스터리물 <더 홀 트루스>(감독 코트니 헌트, 2016)도 그중 한 편. 정정훈 촬영감독도 스태프로 합류하고 한 달 넘게 프리 프로덕션을 했다. 그런데 다니엘 크레이그가 돌연 하차하면서 영화가 엎어졌다. 몇 년 후 다니엘 크레이그 대신 키아누 리브스를 캐스팅하면서 다시 제작이 재개됐지만, 이번엔 정정훈 촬영감독이 합류하지 않았다. "얼마 전, 코트니 헌트 감독으로부터 <나와 친구, 그리고 죽어가는 소녀>(2015)의 선댄스 수상을 축하하는 이메일을 받았다. 몇 년 전 프리 프로덕션 때 내가 냈던 라스트 신 아이디어를 그대로 쓰겠다는 말과 함께 말이다. 영광이라고, 기꺼이 쓰시라고 대답했다. 언젠가 함께 작업한 날이 있겠지."

지금은 지나간 작품 중 하나라고 아무렇지 않게 이야기하지만, <더 홀 트루스>가 엎어진 당시엔 내상이 컸다. 겨우 자리를 잡아가고 있다 생각했는데, "되는 일이 없다"며 다시 좌절하게 됐다. 그때 만난 시나리오가 바로 <나와 친구, 그리고 죽어가는 소녀>다. 사실 정정훈 촬영감독은 그때 스릴러 같은 어두운 이야기를 찾고 있었다. 그런데 하이틴물이 들어온 것이다. 이야기는 재미있었지만 망설여졌다. 코미디가 가미된 드라마는 자신의 주특기가 아니라고 생각했기 때문이다. 충무로 필모그래피에서 코미디와 로맨스가 가미된 작품은 <싸이보그지만 괜찮아>와 <다세포소녀>(감독 이재용, 2006) 정도다. 두 편 모두 개성적인 영화였으니 대중적으로 많은 사랑을 받진 못했다. 시나리오를 읽고 난 바로 다음날, 정정훈은 피츠버그 촬영현장에 있던 알폰소 고메즈 레존 감독과 스카이프 미팅을 했다. 완전한 확신도, 자신도 없어서 그저 편한 마음으로 드라마에 대한 이야기만 나눴다고 한다. 그런데 의외의 일이 일어났다. 알폰소 고메즈 레존 감독은 대화 시작한 지 20분 만에 "미팅 중 촬영과 관련한 기술적인 얘기는 안 하고 이렇게 작품 얘기만 한 사람은 당신이 처음"이라며 "당장 짐 싸서 피츠버그로 와 달라"며 함께 할 것을 제안한 것이다. 이튿날 그는 짐을 쌌고, 곧장 피츠버그로 날아가 <나와 친구, 그리고 죽어가는 소녀>에 합류했다.

전작 <블러바드>로 할리우드의 살인적인 회차를 소화해 내는 나름의 신고식을 치렀다면, <나와 친구, 그리고 죽어가는 소녀>는 이제껏 해보지 못한 새로운 장르에 도전한 작품이었다. 하이틴물이라고 해서 마냥 가볍게, 예쁘게 찍고 싶진 않았다. 무엇보다 이 영화는 정정훈 촬영감독에게 자신과 비슷한 처지의 감독을 만나 동료가 되어 서로 의지하며 즐겁게 찍었다는 기억에서 더 의미가 있다. 어두운 작품을 주로 촬영했던 정정훈처럼 알폰소 고메즈 레존 감독 역시 <아메리칸 호러 스토리>(2011) 같은 호러, 스릴러 영화를 주로 찍어왔다. 정정훈 촬영감독은 이렇게 회고한다. "피츠버그에서 통역을 구했는데, 레존 감독이 '말이 잘 안 통하더라도 직접 대화를 하자'고 그러더라. 그다음부터는 통역 없는 둘만의 회의를 했다. 배우들도 아직 경험이 적은 어린 친구들이라, 우리만의 방식으로 호흡을 맞춰갈 수 있어서 정말 편하고 즐거웠다"고 떠올렸다. 결과도 훌륭했다. <나와 친구, 그리고 죽어가는 소녀>는 선댄스영화제 미국 드라마 부문 심사위원대상과 관객상으로 2관왕에 올랐다. "덕분에 영화 DB 사이트 IMDb에서 내 순위가 많이 올랐다. 곧 다시 떨어지긴 했지만. 에이전트에게 메일을 보내면 답장이 곧바로 온다. 이제 꽤 중요한 고객이 됐나보다.(웃음)"

　　그가 <아가씨>를 찍기 위해 한국에 잠깐 돌아왔을 때 박찬욱 감독에게 정정훈 촬영감독이 할리우드 생활 이후로 변한 부분이 있는지 물은 적 있다. 그때 박찬욱 감독의 대답이 인상적이었다. 그는 "촬영 횟수를 줄이는 문제에 있어 굉장한 자신감을 보이고 있다. 나는 '촬영 횟수를 적게 잡는다'고 하지 않고 '촬영 횟수를 줄인다'고 표현했다. 내 스타일을 잘 아는 프로듀서와 조감독은 <아가씨>의 촬영 회차를 산출할 때 한국 촬영장에서의 기존의 내 속도를 적용했다. 회차 수를 받아본 나와 정정훈은 여기서 1/8은 줄이겠다고 큰소리를 치고 있다. '나와 정정훈'팀과 '프로듀서와 조감독'팀의 차이는 <스토커>를 경험했는가, 아닌가다. 그런데 나와 정정훈 사이에도 의견 차이가 존재한다. 정정훈은 더 나아가 1/4은 줄일 수 있다고 주장하고 있으니까. 정정훈과 나의 차이는 <블러바드>와 <나와 친구, 그리고 죽어가는 소녀>를 경험했는가, 아닌가에 있겠다. 어쨌거나 그의 이 태도가 근거 없는 자신감인지 아닌지는 <아가씨>를 찍어봐야 알 것 같다." 당시 박찬욱 감독이 '할리우드 물'을 먹고 온 정정훈 촬영감독에게 거는 기대가 얼마나 컸는지 짐작할 수 있는 말이었다.

PART 4

영화계에선 '드디어 올 것이 왔다'는 분위기였다. 나홍진 감독과 홍경표 촬영감독이 <곡성>에서 만난다는 소식에 말이다. 집요하기론 둘째 가라면 서러운 두 영화인 중 누가 '둘째가는지' 보자는 반응이었다. 이 현장은 끝까지 못 갈 거다, 둘 중 한 명은 곡성에서 돌아올 거다 같은 추측도 있었다. 하지만 많은 사람들의 기대(?)와 달리 <곡성> 촬영은 평화롭게, 무사히 마무리되었다. <곡성> 개봉 후 이 얘기를 듣고 홍경표 촬영감독은 너스레를 떨었다. "내가 형님이니까.(웃음) 현장에서 내가 뭔가를 요구하는 건 영화가 제대로 안 돌아가고 있거나 그림이 안 나오는 때다. <곡성> 현장에선 내가 원하는 걸 (나 감독이) 가만히 받아줬으니, 그럴 이유가 없었다." 홍경표 촬영감독 또한 나홍진 감독에게 왜 자신을 촬영감독으로 낙점했는지 물은 적 있다고 한다. 둘의 앙상블은 <해무>(감독 심성보, 2014) 때 함께 작업한 김윤석 배우를 통해 성사됐다. <해무>에서 홍경표 촬영감독이 일하는 모습, 성격을 지켜본 김윤석 배우가 '두 사람이 서로 에너지가 비슷할 거 같다'며 나홍진 감독에게 추천했다는 것이다. 배우의 주선으로 만난 만큼, 촬영 초반에는 서로 잘해야 한다는 부담감도 당연히 작용했을 것이다.

　　무속, 판타지, 환상, 호러 등 온갖 한국적 소재가 뒤섞인 영화 <곡성>은 <추격자>(2008), <황해>(2010) 등 나홍진 감독의 전작과 여러모로 다른 스타일을 가진 영화다. 어쩌면 나홍진 감독은 <곡성>을 통해 이전과 다른 시도를 하고 싶었고, 그것을 새로운 파트너인 홍경표 촬영감독을 통해 이뤄내려고 했는지도 모른다. 사건이 서사를 이끌어갔던 전작과 달리 이 영화는 공간이 사건만큼이나 중요한 역할을 한다. 170신이 넘는 시나리오에서 이야기는 어느 곳에도 오래 머물지 않으며 시퀀스마다 공간을 옮겨 다닌다. 그런데 세트 촬영이 하나도 없었다. 날씨, 특수 효과, 특수 분장 등 변수도 많아서 하루 찍을 수 있는 분량이 제한적일 수밖에 없었던 한국판 <레버넌트: 죽음에서 돌아온 자>(감독 알레한드로 곤잘레스 이냐리투, 2016)라고나 할까.

촬영은 전남 곡성군에서 올로케이션으로 진행됐다. 곡성은 이야기의 주요 무대로서 변화무쌍한 얼굴을 보여 준다. 작은 마을을 뒤덮은 울창한 초록빛 숲, 새벽녘과 밤이면 찾아드는 한 치 앞도 내다보기 힘들 정도로 짙은 안개, 추적추적 내리는 비……. 이곳의 환경은 서사에 무드를 불어넣고, 긴장감을 구축하며, 인물의 감정에 힘을 더한다. 영화를 볼 때마다 자연이 가진 힘에 압도되고, 절로 감탄하게 되는 것도 그래서다. 이러한 무드를 만들어 내기 위해 홍경표 촬영감독이 사용한 렌즈는 '호크 렌즈' 세 알이었다. 이 렌즈는 인물이 아닌 산, 언덕, 시골 등 영화 속 공간을 찍을 때 사용했다. 호크 렌즈를 장착한 아나모픽으로 자연 풍광을 찍은 건 스크린에서 산과 해를 우리가 육안으로 봤을 때와 가장 비슷한 룩으로 구현하는 조합이었기 때문이기도 하지만, 다른 근원적인 이유가 있는 듯하다.

<곡성>은 아마도 홍경표 촬영감독이 전작을 통틀어 거의 처음으로 광각 렌즈를 적극적으로 활용한 작품이 아닌가 싶다. 광각 렌즈는 보통 화면 앞쪽의 피사체와 뒤쪽의 배경 사이의 거리감을 강조하기

위한 용도로 사용되곤 한다. 피사체 상을 대비시키거나, 특정 피사체나 공간을 강조할 때도 사용된다. 띄어쓰기 통해 대상들 간의 물리적 거리감을 표현하기도 한다. 쉽게 설명하면 광각 렌즈를 통해 낯설거나 기괴하거나 이상하게 표현해서 관객의 집중력을 높이는 것이다.

　　<곡성>을 수차례 돌려보면서 들었던 생각이 있다. 어쩌면 나홍진 감독은 이 작품을 통해 원인 모를 죽음이 만들어낸 공포심을 다루려는 것 같다고. 홍경표 촬영감독은 알 수 없는 죽음들이 계속되는 암담한 현실을 광각 렌즈를 이용해 실감 나게 담아낸다. 광각 렌즈는 특성상 영화 속 공간을 절묘하게 분리하는 효과를 준다. 무당 일광(황정민)이 곡성으로 가는 꾸불꾸불한 산길 도로, 마을의 골목길, 거대한 나무들이 울창한 숲속 같은 넓은 공간이 홍경표 촬영감독의 광각 렌즈를 거치는 순간 답답하고 폐쇄적인 느낌을 뿜어내는 것도 그런 이유에서다. 나홍진 감독은 나에게 이렇게 설명했다. "<곡성>은요, 홍경표 촬영감독이 처음으로 광각 렌즈를 메인 렌즈로 줄기차게 사용했던 거의 첫 번째 작품입니다."

　　<곡성>의 모든 장면이 인상적이지만 개인적으로 이 영화를 보면서 감탄했던 장면은 시퀀스와 시퀀스 사이에 배치된 인서트신이다. 명장면이 즐비한 영화에 대고 무슨 뚱딴지같은 소리냐고 할지도 모르겠지만, <곡성>은 인서트가 매우 중요한 영화다. 단순히 시간이 흐른다는 사실을 알려주는 걸 넘어 무슨 일이 일어날 것만 같은 분위기를 조성하고, 사건에 복선을 깔며, 인물의 감정을 고조시키는 역할을 한다. 이처럼 중요한 역할을 하는 <곡성>의 인서트신을 들여다보면 시간적으로 새벽 장면이나 해 뜨는 신이 많다는 걸 알 수 있다. 해돋이를 보러 간 적 있는 이라면 예상하겠지만, 이 시간대는 제작진이 짠 '인간

의 스케줄'대로 탁탁 찍을 수 있는 성질의 것이 아니다. 홍경표 촬영감독은 이렇게 회상한다. "예를 들어 그날 촬영이 아침 8시 시작이면, 촬영부에 양해를 구하고 새벽 4시부터 산꼭대기에 올랐다. 해 뜨는 풍경 인서트가 시나리오에 무지 많아서, 그걸 찍으러. 부지런하다고 다 얻어지나? 카메라 들고 올라가도 구름 때문에 촬영을 못 한 적도 많다. 그렇게 성공하거나 허탕치고 내려와서 아침 8시에 다시 촬영을 시작했다."

사정이 이렇다 보니 홍경표 촬영감독은 <곡성>을 촬영하는 동안 촬영지인 곡성 근처 펜션에 묵으며 아침에 날씨를 체크하는 것으로 일과를 시작해야 했다. 촬영을 시작할 땐 쨍쨍했던 날씨가 한창 촬영 중에 구름 낀 하늘로 바뀌기 일쑤였다. 구름이 끼면 화면의 톤이 바뀐다. 하지만 촬영을 멈출 수는 없으니, 어쩔 수 없이 구름이 낀 풍경이 배경이 되는 신을 찍고 다시 해가 나오면 다시 다른 장면을 찍는 식으로 찍었다고 한다. 그때마다 세팅을 바꿔야 하는 번거로움이 있지만, 자연스러운 풍광을 살리기 위해 모두 감수했다. 영화에서 역시 인상적으로 등장하는 비 내리는 장면 촬영은 어땠을까? 홍경표 촬영감독에게 묻자 이렇게 대답했다. "보통 촬영 현장에서 비가 내려 촬영을 못 하게 되면 감독님들이 '지금 비 오는 신 찍자'고 하시는데, 웃기게 들릴 수 있지만 비 오는 날 비신 찍는 거, 무지 힘들다.(웃음) 톤을 맞춰야 해서 그렇다. 비가 줄줄 내리는데 카메라 세팅이나 렌즈를 다 바꿔야 한다고 생각해보라. 시간도 많이 걸린다." 그는 '외지인' 쿠니무라 준이 도로에서 사고로 죽는 장면을 예로 들며 설명을 이어갔다. "그 장면에는 두 가지 과제가 있었다. 하나는 비가 내려야 한다는 것, 다른 하나는 석양을 담아야 한다는 것. 낮에 인공 비를 뿌려서 찍다가도 해가

질 때 매직아워를 놓치지 않아야 했다. 해 떨어지는 장면을 찍기 제일 좋은 시간이 오후 4시부터 6시 사이다. 4시 전까지 인공 비를 뿌리며 찍다가, 해가 사그라드는 기미가 보이자마자 산꼭대기로 올라가서 해 떨어지는 장면을 카메라에 담았다. 해가 금방 넘어가니 놓치지 않으려고 했던 거다. 자연은 순간순간 변하니까." 영화에서는 몇 분 남짓한 장면에 불과하지만, 이 찰나의 순간을 최고의 영화적 순간으로 만들기 위해선 시시각각 변화하는 자연의 섭리를 탐구하고 순응하며 끈질기게 인내해야 한다는 걸 감독도, 촬영감독도, 제작진도 알고 있었던 것이다.

　　이미 많은 성취를 이룬 그임에도, 항상 "이 영화가 마지막 작품이 될 수도 있다"는 각오로 임했다고 한다. 홍경표 촬영감독은 이 영화를 찍던 당시 자세를 이렇게 설명했다. "<곡성>은 내가 욕심을 많이 냈고, 욕심처럼 찍고 싶었다. 보통 상업영화에서 해왔던 노동 시간이나 강도에 대한 한계를 두지 않고 촬영에 임했다. 까놓고 말하면, 그래도 정확하게 지킬 것은 다 지켰지만, 표준계약을 안 했다. 요즘 충무로에선 그런 미친 짓을 안 하려고 한다. 물론 날밤 새우는 게 마냥 옳다는 건 아니지만, 때로는 감독이 무언가를 밀어붙일 때 주변에서 믿고 기다려주는 여건을 조성해 주는 것도 필요하다고 본다. 풍경 하나를 얻기 위해 기다리다가 마침내 딱 맞는 장면을 얻고, 그렇게 얻은 장면을 담았을 때 영화가 관객을 설득할 수 있는 게 아니겠나. 더 좋은 화면을 보여주려고 하는 거지, 쓸데없이 시간 낭비하는 게 아니다. 제대로 보여주려고 고생하고, 돈도, 시간도 더 쓰는 거다. 일부러 대놓고 고생했다." 그에게 영화란 그렇다. 아무리 촬영 장비가 좋다고 해도, 아무리 많은 제작비를 쏟아부었다고 해도 원하는 빛이 나타나지 않으면 소용

없는 것이 영화다. 의도한 장면을 얻기 위해서라면 어떤 노력과 인내심 그리고 정성을 감수해야 한다고 믿는 것. 이러한 그의 태도는 이창동 감독의 <버닝>에서도 이어진다.

8:

철저하게 설계하라,

그리고 본능에 따르라.

영화 기자가 가진 특권(이라고 해봐야 별거 없지만) 중 하나는 촬영 현
장을 엿볼 수 있는 기회가 주어진다는 것이다. 매체 환경과 영화 마케
팅 전략이 달라지고 팬데믹 이후로 지금은 외부인의 촬영장 방문이 거
의 허용되지 않지만, 운이 좋게도 『씨네21』 기자로 일한 지난 15년 동
안 꾸준히 영화 촬영 현장을 취재할 수 있었다. 어린 시절부터 동경해
온 영화감독이 촬영장에서 연출하는 모습을 곁에서 생생하게 지켜볼
수 있다는 건 매번 새롭게 흥분되는 일이다. 많은 촬영 현장을 방문했
지만, 그중에서도 특별히 기억에 남았던 현장은 이창동 감독의 <버닝>
(2018)이었다. 취재차 들른 건 아니었다. 이창동 감독의 친동생이자 이
영화를 제작한 이준동 나우필름 대표에게 "<버닝> 촬영 현장을 구경
하고 싶다"고 졸랐고, "기자가 아닌 팬으로서 공개하는 것"이라는 약
속을 하고서야 현장에 초대받을 수 있었던 것이다. 현장에서 보고 들
은 건 기사로 써서는 안 될뿐더러, 영화가 개봉하기 전까지 반드시 함
구해야 한다는 조건이었다. 아무렴 어떠랴, 이창동 감독의 촬영 현장
을 볼 수 있는 흔치 않은 기회인데 싶어 기꺼이 따르기로 했다.

　　2017년 12월 서울 서래마을의 한 고급 빌라. 수십 명의 스태프
사이를 비집고 현관문 안으로 들어갔다. 넓고 호화로운 거실이 한눈에
들어왔다. "대체 영화 속 어떤 공간일까"하고 궁금해하고 있던 차에 이

창동 감독이 방에서 나왔다. "현장을 보여주셔서 감사하다"고 인사를 건네자 이창동 감독이 "이준동 대표에게 얘기 전해 들었어요. 편히 보세요"라고 말씀해 주셨다. 마침 곁에 있던 홍경표 촬영감독과 배우 유아인도 반갑게 맞아주었다. 소파에 앉아 대본을 읽고 있던 배우 스티븐 연에게도 인사를 건넸다.

촬영 당시만 하더라도 보안을 철저히 유지한 탓에 유아인, 스티븐 연, 전종서 세 배우가 출연한다는 사실 말고는 영화에 대한 어떠한 사항도 알지 못했다. 어떤 장면을 찍고 있는지, 영화가 어떤 내용인지 등 현장에 관한 정보도 제한적이었다. 이날 촬영이 전체 일정 중 후반부이고, 이 빌라는 스티븐 연이 맡은 벤이 사는 집이며, 이곳에서 총 5회차를 찍는다는 사실 정도였으니까. 인테리어에 비춰 볼 때 벤이 부유한 남자라는 것 정도를 유추할 수 있을 뿐이었다.

영화를 보고 나서야 알게 된 사실인데, 이날 공개한 촬영은 벤이 종수와 자기 친구들을 집에 초대해 파티를 하는 장면이었다. 촬영은 해가 떨어질 때 시작됐다. 워낙 추운 날이었던지라 배우들이 대사를 할 때마다 입김이 나왔다. 공간에 기술적으로 특별한 시도를 했던 촬영은 아니었으나 서사적으로 긴장감을 올려야 하는 중요한 장면이었다. 난생처음 보는 이창동 감독의 현장의 모든 것이 새로웠지만, 그중에서 가장 신기했던 건 이창동 감독과 홍경표 촬영감독의 조합이었다.

이창동과 홍경표, 홍경표와 이창동. 홍경표 촬영감독이 이창동 감독의 신작을 촬영한다는 소식을 처음 들었을 때 아무리 이리저리 놓고 봐도 둘의 조합은 선뜻 상상이 되질 않았다. 두 사람은 그전에 함께 작업한 적이 한 번도 없었다. 이야기와 세계를 가장 사실적인 미학으로 담아내는 이창동 감독과 매번 파격적일 만큼 새롭고 과감한 스타일을 시도하는 홍경표 촬영감독은 아무래도 어울리지 않는 만남 같았다. 하지만 현장에서 직접 목격한 두 사람은 긴말이 필요 없는 호흡으로 내 선입견을 보기 좋게 깨뜨렸다. 이 소감에 홍경표 촬영감독은 본인도 예상했던 반응이라는 듯 허허 웃을 뿐이었다.

둘의 만남은 <곡성>이 끝난 뒤 이창동 감독이 홍경표 촬영감독에게 '같이 하자'고 연락을 하면서 시작됐다. 이창동 감독의 연락을 받은 홍경표 촬영감독의 생각도 나와 같았던 모양이다. 그는 당시를 이렇게 회상한다. "왜 나를?(웃음) 감독님이 그동안 사실적인 영화를 만들어 오셔서 나와 잘 안 맞을 줄 알았다. 공직에 계셨기 때문에 알게 모르게 대하기 어려운 점도 있었다. 나 같은 '쟁이'와는 다른 사람일 거라고 생각했다.(웃음) 그런데 만나서 대화를 나눠보니 통하는 게 많았고, 내 생각보다 훨씬 열려 있는 분이었던지라 여러모로 잘 맞았다."

홍경표 촬영감독은 <버닝> 시나리오가 자신이 좋아하는 요소가 많은 이야기라서 더 끌렸다고 말했다. "청춘이 등장하고, <곡성>처럼 새벽 장면이 압도적으로 많았으며, 재즈가 들어가는 데다가 고양이가 나오기까지 한다.(웃음)" 이창동 감독과 오정미 작가가 함께 쓴 <버닝>의 시나리오는 지문이 많다. 인물의 감정과 행동 그리고 공간 묘사가 소설처럼 치밀하다. 홍경표 촬영감독과 이창동 감독은 이 영화의 서사를 완벽하게 구현해 내기 위해 가장 중요한 건 시나리오의 세세한 지문 이상으로 촘촘히 구축된 공간과 빛일 것이라는 데에 마음을 맞추었다. 인공적인 세트와 조명보다는 실제 장소와 자연광의 조합으로 이야기를 쌓아나가기로 한 것도 그래서다.

<버닝>은 종수(유아인)를 계속 따라다니는 이야기인 만큼 영

화 속 공간도 수시로 바뀐다. 주요 공간은 해미(전종서), 벤, 종수 등 세 등장인물의 집이다.

먼저 서래마을 벤의 집이 있다. 내가 방문한 촬영 현장이기도 하다. 실제로 본 벤의 집은 영화 속 벤의 고급스러운 취향이 고스란히 반영된 은은한 공간이었다. 홍경표 촬영감독은 따뜻한 앰버 톤, 노란 색조로 빛을 설계했는데, 원래 그 집에 설치돼 있던 조명을 세세히 체크하여 개중 고급스럽고 좋은 빛을 가진 조명을 실제 촬영에 활용하기도 했다.

해미의 집은 서울 후암동에 위치한 주택이다. 공간이 매우 좁고, 창밖으로 남산이 보인다. 그 창을 통해 방 안으로 비쳐드는 빛이 이 공간의 핵심 광원이다. 홍경표 촬영감독은 해미 집을 발견했을 당시를 이렇게 얘기해주었다. "헌팅한 장소에 와 봤더니, 집 위치는 딱 좋은데 남산이 보이는 창이 없었다. 포기하고 세트를 만들어 '덴깡'해서 찍어야 하나, 아니면 여기서 촬영한 후 빛과 창밖 풍경을 CG로 만들어야 하나 고민했다. 하지만 우리 영화를 인공적인 공간에서 찍는 건 아닌 것 같았다. 고민하고 있었는데, 마침 주인이 창고로 쓰는 옥탑방이 있다고 하는 거다. 올라가 보니 거기에 완벽한 해미의 집이 있었다." 그럼에도 좁은 공간에서 앵글을 확보하는 게 쉽지 않았을 것 같았다. 홍경표 촬영감독은 "좁으면 좁은 대로, 답답하면 답답한 대로 찍었다"고 한다. "카메라가 종수를 따라 건물 복도에서 올라와 문 안으로 들어가는 과정을 한 숏으로 보여주지 않나. 이 장면의 포인트는 인물들이 좁은 공간에 있어야 한다는 것이다. 이야기의 초반부는 20대 젊은 친구들의 이야기가 가짜가 아니라는 걸 보여주기 위해 전부 사실적으로 찍어야 했다." 남산이 보이긴 하지만, 창이 시나리오와 정반대인 남산 반대 방향으로 나 있는 바람에 해가 지고 뜨는 방향이 일치하지 않는 문제도 간단하게 해결했다. 오후에 해가 서쪽으로 뉘엿뉘엿 넘어갈 때 맞은편 창에서 반사판을 이용해 빛이 들어오게 한 거다.

종수의 집은 파주의 한 시골 마을에서 찾아냈다. 마당 앞으론 벌판이 탁 트인 반면 집안은 아버지가 쓰던 물건들이 빼곡히 쌓여 다소 답답하게 느껴지는 공간이다. 실제로는 빛이 많이 들어오는 열린 공간인데도 영화 속 종수의 집은 어둡다. 홍경표 촬영감독은 종수의 집을 "처음부터 빛을 굉장히 누르고 간 공간"이라고 소개했다. "모두 자연광으로 찍었다. 의도적으로 건드린 빛은 어디에도 없다. 모든 장면을 사건이 일어나는 시간대에 맞춰 그 시간대의 빛을 활용해서 찍었다. 종수의 집은 내부는 어두워도 창문을 열면 눈부신 바깥과 이어진다는 콘셉트가 명확하게 정리되어 있었다. 벤의 고급스러운 집에선 하늘이 잘 안 보이는 반면 종수의 시골집은 가난하고 답답해 보여도 확 트인 하늘이 보인다는 설정도 있다. 그런 밸런스를 중요하게 생각했다." 이 공간에서의 인상적인 장면은 새벽이나 해 질 녘이 많다. 하루 중 찍을 수 있는 시간대가 한정적이었단 얘기다. 이에 대해 홍경표 촬영감독은 "해가 동쪽에서 서쪽으로 넘어오는 오후 시간대에 주로 찍어야 했다. 그때부터 발걸음이 빨라질 수밖에 없었다. 공간, 빛과 관련된 모든 촬영 환경을 미리 체화했던 까닭에 세팅하는 데 시간이 오래 걸리진 않았다."고 한다. <마더>와 <곡성>, 아니 그 이전부터 해의 움직임을 계산해서 원하는 빛을 기다리는 습관을 깊이 체화했기 때문에 가능한 작업이었으리라.

종수의 집이 있는 파주는 또한 안개가 많기로 유명한 도시다. 영화에도 안개 낀 풍경이 적지 않게 등장한다. 그는 파주의 안개를 두고, "안개가 너무 멋지게 찍혀서 막상 영화에 쓸 수 없는 경우가 많았다. 시나리오에 종수가 경운기를 타고 가는 장면이 있었다. 촬영은 잘 마쳤는데, 막상 안개 때문에 그림이 지나치게 예쁜 바람에 통편집됐다. 후반부에 종수가 달리는 장면도 같은 이유로 많이 덜어내야 했다."고 말했다. 그림이 너무 멋져서 덜어냈다니, 편집된 장면이 더욱 궁금하다.

집이 5분 거리인 이창동 감독과 홍경표 촬영감독, 두 사람은 커피 약속 잡듯 수시로 장소 헌팅을 다녔다. 보통 제작부가 후보 촬영지를 물색해 오면 키스태프들이 단체로 확정 헌팅을 다니는데 <버닝>은 감독과 촬영감독 단둘이 헌팅을 하러 다닌 것이다. 파주 로케이션 장소가 두 사람의 집에서 20분 거리라 가능한 점도 있었겠으나, 편의를 앞세워 그렇게 했던 건 아닐 것이다. 감독과 촬영감독이 하나하나 찾아가 보고 세심하게 살펴보는 일은 흔치 않다. 그렇게 작업한 건 이창동 감독도, 홍경표 촬영감독도 처음이었음은 물론이다. 서사와 인물에 꼭 맞는 공간으로 찾으려고, 보다 더 좋은 곳을 발견하기 위해 차를 몰고 동분서주하는 두 사람의 '헌팅'을 머릿속에 그려보고 있노라면, 마치 두 주인공의 영화적 여정을 그린 한 편의 '버디 무비' 같기도 하다.

이렇게 두 사람이 공들여 찾아낸 덕인지, <버닝> 속 장소는 이창동 감독과 홍경표 촬영감독의 각기 또렷한 미학적 특성을 아무런 위화감 없이 아우르고 있다. 영화의 초반부에서 홍경표 촬영감독의 카메라는 이창동 감독의 전작에서 줄곧 보여준 사실적인 시선을 유지한다. 그러다가 종수가 진실을 찾아 나서는 서사의 중후반부터는 완전히 태세를 전환하여, 카메라가 할 수 있는 가장 마법 같은 순간을 펼쳐내 보인다.

수많은 관객과 마찬가지로 나도 해미의 몸짓을 따라가는 롱테이크 장면을 넋이 나간 듯 감상했다. 종수 집 앞마당에서 종수, 해미, 벤이 대마초를 피우던 중에, 해미가 팬터마임을 선보이는 시퀀스다. 홍경표 촬영감독이 시나리오 단계에서부터 가장 중요하게 생각했던 것도 이 장면이었다. 그때 나오는 음악이 마일스 데이비스의 'Générique'다. 그는 "원래 좋아하는 곡인데, 시나리오에 명시된 걸 보고 그 곡을 다시 들었다. 어쩌면 그때부터 어떻게 하면 그 장면을 설득력 있게 보여줄 수 있을까 고민했던 거 같다. 돈 많고 여행도 많이 다니는 정체불명의 존재 벤이 거리낌 없이 대마를 꺼낼 수 있는 환경, 해미가 대마를 따라 피우게 된 사연, 대마를 피우는 젊은이들이 영화적으로 어색해 보이지 않는 몽환적인 풍경 등 모든 설정이 자연스럽게 녹아들 수 있는 장소를 찾아 나섰고, 촬영을 설계했다고" 한다.

그리고 진짜 마법은 촬영 현장에서 벌어졌다. "원래 이 장면은 시작부터 끝까지 카메라를 어떻게 움직일지 기본 원칙을 정하고 들어갔다. 그런데 막상 카메라가 돌아가기 시작하자 예상치 못한 다른 빛이 프레임에 들어왔다. 나도 모르게 그 빛을 따라가게 됐고, 카메라는 빛을 따라 점점 높이 올라갔다. 미리 합의해 둔 원칙을 깨버린 거다. 그런데 나중에 들으니 감독님도 그 순간 그런 카메라 무빙을 원하고 있었다고 했다. 서로 통한 거지. 원래는 음악이 끝나면 컷이 되어야 하는데 배우도, 나도 마법처럼 계속 촬영을 이어갔다." 홍경표 촬영감독은 신들린 듯 그 장면을 찍고 난 후 "이걸 찍게 해줘서 감사하다"고 이창동 감독에게 말했다.

<버닝>은 촬영감독으로서 홍경표의 집요함과 인내심은 물론 해의 움직임, 바람의 방향, 날아가는 새 떼, 뜻밖의 빛 등 예측할 수 없

는 변수를 활용하는 자유로운 뚝심까지 모두 담긴 작품이다. <마더>, <곡성>과 함께 시네마토그래퍼로서 홍경표를 얘기할 때 절대 빼놓을 수 없는 작품이라 할만하다.

엠마 스톤, 베네딕트 컴버배치…
정정훈의 할리우드 동료들

"다음 작품이 정해졌어요. 제목이……." 영화 기자로서 가장 두근거리
는 순간이다. 정정훈 촬영감독은 한 작품이 끝나면 항상 '보이스톡'을
건다. 막 촬영을 끝낸 영화 얘기도, 막 선택한 차기작 얘기도 그때 자세
하게 듣는다. 지난 5년 동안 그와 나눈 통화는 늘 흥분과 놀라움의 연
속이었다(그를 인터뷰한 내 기사들을 보면 그와 전화로 나눈 대화들
이 많다). 할리우드로 건너간 뒤 지금까지 쌓아 올린 그의 필모그래피
를 보시라. 한국인 촬영감독인 그가 이렇게 흥미로운 궤적으로 많은
영화인들의 꿈의 구장인 할리우드에서 자신의 영역을 이 정도까지 공
고히 확장할 줄은 제아무리 용한 점쟁이라도 감히 예상하지 못했을 것
이다. 물론 내가 그렇게 감탄할 때마다 그는 "말로 다 표현이 안 되는
어려움이 많이 있었다"고 응하곤 한다. 이런 과정을 통해 나는 운 좋게
도 그의 신작 소식을 가장 먼저 알고 사람들에게 전하는 사람이 되었
다. 지금부터 소개하는 영화들은 그간 보이스톡을 통해 생생하게 전
해 들었던 '정정훈의 할리우드 활극' 중 일부이다.

$$\textit{\textbf{+}}$$

할리우드 신인들의 성장 영화
<그것>

정정훈 촬영감독의 초대를 받아 <그것> 촬영 현장을 구경하기 위해 캐나다 토론토로 갈 뻔했던 적이 있다. 지금은 속편(<그것: 두 번째 이야기>)까지 나올 만큼 전 세계 호러 영화 팬들로부터 많은 사랑을 받고 있지만, 그때만 해도 스티븐 킹의 소설 『그것』을 리메이크한다는 안드레스 무시에티라는 신인 감독의 연출이 비평적으로나 흥행적으로 좋은 평가를 받을 줄은 쉽게 예상하기 힘들었다. 그 밖에도 여러 이유로 캐나다 취재는 무산되었지만, 그때 정정훈 촬영감독이 들려준 얘기 중에서 아직도 떠오르는 일화가 있다. "안드레스 무시에티 감독도, 나도 할리우드에 정착하려 노력 중인 신인이라 서로 통하는 게 많다. 우리는 <그것>이 보편적으로 받아들일 수 있는 성장 이야기라는 점에서 공감했고, 피와 폭력이 낭자하고 관객들이 비명 지르기를 기대하는 전형적인 공포 영화와 다르게 만들기로 의견을 모았다." 이 말을 듣고 <그것>이 어떤 호러 영화인지 짐작할 수 있었다.

    <그것>은 정정훈 촬영감독이 <커런트 워>(감독 알폰소 고메즈 레존, 2017), <호텔 아르테미스>(감독 드루 피어스, 2018)를 연달아 작업한 직후에 찍은 영화지만, 이 세 편 중에서 가장 먼저 극장 개봉한 영화다. <아가씨>가 끝나고 <나와 친구, 그리고 죽어가는 소녀>(2015)를 함께 작업한 알폰소 고메즈 레존 감독의 요청으로 TV 시리즈 <시티즌>의 파일럿을 막 마친 때였다. 스티븐 킹의 소설 『그것』이 리메이크된다고, 공포 영화 <마마>(2013)를 연출한 안드레스 무시에티 감독

이 메가폰을 잡게 됐다는 소식이 정정훈 촬영감독의 귀에도 들려왔는데, 그로부터 얼마 지나지 않아 안드레스 무시에티 감독으로부터 만나자는 연락이 온 것이다. 알고 보니 안드레스 무시에티 감독은 박찬욱 감독의 팬이었다. 그는 이미 <올드보이>(2003) 등 박찬욱 감독의 영화를 다 봤고, 정정훈 촬영감독의 촬영이 <그것>과 잘 맞을 거 같다는 말로 그에게 함께할 것을 적극적으로 제안했다. 더군다나 안드레스 무시에티 감독은 정정훈 촬영감독이 직전 작품으로 함께 한 알폰소 고메즈 레존 감독과 잘 아는 사이였다. 이미 그에게 물어 정정훈 촬영감독의 스타일을 파악해 두기까지 한 후였다.

    <그것>은 지극히 미국적인 소재와 '성장'이라는 보편적인 주제가 생생하게 어우러진 영화이다. 이 작품에서 정정훈 촬영감독의 카메라는 클래식하면서도 감각적인 톤을 보여준다. 그의 카메라는 일곱 아이를 쉴 새 없이 따라다니며 다이내믹한 앵글을 다채롭게 구사한다. 아이들의 공포의 대상이자, 북미 관객들의 호러 정서를 잘 대변하는 페니와이즈(빌 스카스가드)는 사실적으로 표현하기 힘든 캐릭터다. 페니와이즈는 놀이공원이나 생일 파티 등 (북미 관객들의) 유년 시절 행복한 기억에 빠질 수 없는 친숙한 캐릭터인 피에로이자, 동시에 어린 시절 누구나 어떤 형태로든 한번은 겪어봤을 공포의 형상이다. 카메라는 그의 얼굴에서 무서움, 우스꽝스러움, 선함, 사악함 등 서로 상반되는 면모를 한꺼번에 포착해 내야 했다. 피에로 페니와이즈의 정체가 사실은 일정한 주기로 사람을 먹어 치우는 괴물이라는 설정도 너무나 선명해서 오히려 톤 조절이 어려운 과제였다. 정정훈 촬영감독은 배경을 어둡게 처리하고 무섭도록 반짝이는 눈동자 표현을 위해 아이라이트를 사용하여 강한 콘트라스트를 부여함으로써 페니와이즈의 사악하고 기괴한 느낌을 표현하였다.

✦

조디 포스터를 보고 도망친 남편, 꿀떡을 대접한 아내
<호텔 아르테미스>

"조디 포스터와 영화를 찍게 됐어요." 내 귀를 의심했다. <택시 드라이버>와 <양들의 침묵>의 그 조디 포스터가 정정훈 촬영감독과 작업한다니! 그조차 흥분을 감추지 못한 채 조디 포스터와의 첫 만남을 들려주었다. "처음 배우들과 인사하는 날, 프로덕션 사무실 주차장에서 조디 포스터를 처음 만났다. 청바지 차림을 한 그가 다가오는데, 나도 모르게 도망쳤다.(웃음)" 어릴 때부터 선망하던 배우를 직접 보니 쑥스러웠던 것이다. 나 역시 영화 기자로서 많은 사람을 만났지만, 여전히도 어릴 적 우상을 만나면 도망치고 싶은 마음이 들 때가 있어서 그 심정에 공감했다. 이렇게 처음엔 어색했지만, 곧 가까워져 아내를 소개하기도 했다고 한다. "하루는 조디 포스터가 내게 왜 아내를 소개해 주지 않느냐고 했다. 그렇게 아내와 함께 만나게 됐는데, 아내가 선물로 싸온 꿀떡을 조디 포스터가 쉴 새 없이 먹더라. 음식에 되게 까다로운 사람인데.(웃음)"

그가 조디 포스터와 함께 작업한 영화는 드루 피어스 감독의 영화 <호텔 아르테미스>다. 드루 피어스 감독은 <퍼시픽 림>(감독 기예르모 델 토로, 2013), <아이언맨 3>(감독 셰인 블랙, 2013), <고질라>(감독 개러스 에드워즈, 2014), <미션 임파서블: 로그네이션>(감독 크리스토퍼 맥쿼리, 2015) 등의 각본가 출신으로, 이 영화가 그의 실질적인 연출 데뷔작이다. 그를 처음 만났을 때 정정훈 촬영감독의 눈을 사로잡은 건 사무실 벽에 붙은 사진들이었다. 사무실 벽에는 드루 피어스 감독이 이 영화를 구상하면서 영감을 받은 레퍼런스 사진들이 붙어 있었는데, 거기에 <올드보이>, <친절한 금자씨>, <박쥐> 등 정정훈 촬영감독 바로 자신이 찍은 영화 스틸들이 있었던 것이다. 드루 피어스 감독은 그 스틸을 보며 정정훈 촬영감독 직전에 미팅했던 한 촬영감독과 나눈 대화를 들려주었다. 그 촬영감독이 드루 피어스 감독이 붙여 놓은 레퍼런스 사진을 보면서 "그(정정훈)를 직접 만나지 왜 다른 사람을 만나느냐"고 했다는 거다. 이처럼 할리우드에선 박찬욱 감독의 영화를 실제로 레퍼런스로 자주 삼는다고 한다. 그 '레퍼런스'를 찍은 촬영감독이 정정훈이고 말이다.

그간 수많은 감독과의 인터뷰를 통해 터득한 자신만의 노하우도 이 미팅에서 빛을 발했다. 작품의 서사에 대한 나름의 분석이나 촬영 계획을 구구절절 말하는 것보다 하나의 '액션'을 '드라마'로 엮어 핵심이 단순하면서도 명확하게 드러나도록 자신의 의견을 보여주는 것이 중요하다는 것이다. <호텔 아르테미스> 미팅에서 정정훈 촬영감독은 같은 전략을 가지고 나갔다. 그가 한 말은 "이 영화는 조디 포스터의 <메리 포핀스>다". 그 말을 들은 프로듀서는 곧바로 응답했다. 내일이라도 당장 함께할 수 있냐고. 시나리오를 처음 읽었을 때 조디 포스터가 병원을 나와 폭도들 사이로 걸어 나가는 영화의 마지막 이미지가 꼭 메리 포핀스 같다는 인상을 받았고 그 인상을 전달했던 것인데, 그의 이 한마디가 감독과 프로듀서의 마음을 사로잡은 것이다.

<호텔 아르테미스>는 깨끗한 물을 요구하는 폭동이 일어난 2028년 L.A.를 배경으로 여러 범죄자들이 아르테미스 호텔에 모여들면서 벌어지는 사건을 그린 스릴러다. 아르테미스 호텔은 주인공인 의사 진 토머스(조디 포스터)가 마피아 보스인 울프킹의 지원을 받아 22

년 동안 범죄자를 치료해 온 비밀스러운 병원이다. 정정훈 촬영감독의 카메라는 호텔이라는 한정된 공간이 지루해 보이지 않게 어두운 공간을 섬세하게 드러내도록 빛을 설계했다.

근미래가 이야기의 시간적 배경이지만, 정정훈 촬영감독은 1980년대에 지어진 호텔과 지금 호텔이 유사한 것처럼 2028년도의 건물도 지금과 크게 다르지 않을 거로 생각했다. 특이한 조명을 사용하기보다 빛을 현실적으로 구현하려고 한 것도 그래서다. 프로덕션 디자이너인 램지도 1906년에 실제로 L.A.에 문을 연 알렉산드리아 호텔에서 영감을 받아 영화 속 아르테미스 호텔을 설계했다고 한다. 정정훈 촬영감독은 호텔 안에서 벌어지는 사건을 현실적으로 표현하기 위해 아주 튀는 라이트보다는 로키 조명을 주로 활용했다. 로키 조명은 화면 대부분을 어두운 상태로 표현하는 조명이다. 이 영화를 보면 공간의 상당 부분을 어두운 상태로 보여주며 현실감을 드러냈음을 알 수 있다.

호텔이 주요 배경인 만큼 공간엔 벽이 많다. 벽마다 등이 달렸지만, 이 등은 인물의 감정과 서사의 정서에 실질적인 영향을 주는 조명이 아니다. 영화의 '실제 조명'은 관객의 눈에 띄지 않는다. 정정훈 촬영감독은 굉장히 얇은 LED 조명들을 화면 프레임 밖에 위치한 세트 천장에 달았다. 미술감독과 논의해 천장을 붙였다 뗐다 할 수 있게 만든 앰비언스 조명이었는데, 앰비언스 조명의 일부는 화분이나 캐비닛 뒤에 숨겨 놓기도 했다. 복도 벽을 환하게 비추는 조명들도 여러 소품에 감취두어 어디에 숨겼는지 찾기 어렵다. 호텔 복도가 자연스럽고 현실적으로 보이는 것도 이 숨은 조명들 덕분이다. 조명을 따로 세팅했다는 느낌이 들지 않아 인상적인 설계였다. 정정훈 촬영감독은 "그게 빛 설계의 목표"였다며, "이 영화는 어둡지만 보여야 하는 건 다 보이도록 표현했다. 촬영을 하면 실제 사람 눈으로 보는 노출보다 밝은 경우가 많다. 조리개를 조이기 때문이다. 게다가 조명이 인물에 직접적으로 닿도록 세팅하면 빛을 비추는 부분과 그렇지 않은 부분의 노출이 일정하지 않아, 모두 간접 조명으로 숨겨두었다. 디테일 있는 콘트라스트는 박찬욱 감독님 영화를 찍으면서 충분히 단련됐다"고 밝혔다. 이 영화의 스틸들을 보면 똑같은 밝기로 찍힌 장면이 단 하나도 없을 만큼 조명 설계가 세심했다.

이 영화에서 개인적으로 기억에 남는 장면은 니스(소피아 부텔라)가 마피아 보스 울프킹의 조직과 맞붙는 호텔 복도 액션신이다. 마치 <올드보이>의 복도 액션신처럼 설계됐는데, 정정훈 촬영감독도 "오마주 성격이 강한 장면"이라고 인정한 바 있다. 그의 말에 따르면 드루 피어스 감독이 "<올드보이>와 비슷하지만 <올드보이> 같지 않게 찍어달라"고 주문했다고 한다. 그래서 정정훈 촬영감독은 농담 삼아 "그러지 말고 <올드보이>와 똑같이 찍어볼까?"라고 대답했다고 한다. 물론 이 영화 속 좁은 호텔 복도는 조디 포스터가 밖으로 나가기 위한 통로라는 점에서 <올드보이>의 복도 액션신과 성격이 완전히 다르지만 말이다.

✦

신혼여행도 미루게 한 할리우드의 남자들
<커런트 워>

솔직히 믿기지 않았다. 베네딕트 컴버배치, 마이클 섀넌, 톰 홀랜드, 니콜라스 홀트. 정정훈 촬영감독의 입에서 이 배우들의 이름이 차례로 나오는데, 놀라지 않을 도리가 있나. <커런트 워>는 할리우드에서 실력

파로 명성이 자자한 남자 배우들이 대거 출연하는 영화다. 아마 이때까지 그가 촬영한 할리우드 영화 중에서 배우 이름값이 가장 비싼 작품인지도 모른다.

<커런트 워>는 전작 <나와 친구, 그리고 죽어가는 소녀>, TV 시리즈 <시티즌>의 파일럿 에피소드 이후 알폰소 고메즈 레존 감독과의 세 번째 작업이다. <나와 친구, 그리고 죽어가는 소녀>를 치열하게 작업해 선댄스영화제에서 대상을 받으며 함께 '할리우드 성장 서사'를 써내려간 두 사람이 다시 뭉친 것이다. 알폰소 고메즈 레존 감독에게서 연락이 온 것은 <그것> 촬영이 끝날 때쯤이었다. 그가 차기작으로 에디슨을 소재로 한 영화를 준비하고 있다는 얘기를 전해 들은 정정훈 촬영감독은 일말의 고민 없이 합류하기로 결정했다. 시나리오도 보지 않고, 캐스팅도 전혀 모르는 상태에서 말이다. 그때 이미 알폰소 고메즈 레존 감독과 정정훈 촬영감독은 아내 외에 크고 작은 일들을 만나서 논의할 수 있는 몇 안 되는 친구가 된 사이였다. 그는 예정됐던 신혼여행까지 미루고 <커런트 워>를 준비하러 런던으로 떠났다.

충무로 시절 정정훈 촬영감독은 배우가 마음 놓고 실력을 펼칠 수 있도록 멍석을 잘 깔아주기로 명성이 자자했다. 그리고 그의 장기는 최고 스타들과 함께 한 이 영화에서 더욱 빛을 발한다. 인물 간의 대화가 끊김이 없이 자연스럽게 흐르는 듯한 느낌을 내기 위해 숏과 리버스숏을 배치하는 대신 부감숏을 많이 활용했다. 그러다 보니 카메라의 움직임도 꽤 많은 편이다. 와이드한 앵글을 지양하되 때때로 알폰소 고메즈 레존 감독이 선호하는 광각 렌즈를 투입한 점도 인상적이다. 배우들의 연기를 든든하게 뒷받침해 주는 세심한 카메라 덕에 베네딕트 컴버배치, 마이클 섀넌, 톰 홀랜드, 니콜라스 홀트 네 배우의 연

기는 더욱 진가를 발휘하여, 관객들의 눈과 귀를 즐겁게 한다.

이 영화는 역사상 유례없는 호황기를 맞은 1880년대 미국 한복판으로 관객을 데려가는 영화다. 근대에서 현대로 진입하는 출발선에 선 두 명의 천재 토머스 에디슨(베네딕트 컴버배치)과 조지 웨스팅하우스(마이클 섀넌)의 불꽃 튀는 '전류 전쟁'을 그렸다. 재미있는 것은 영화가 끝날 때까지 두 주인공이 마주치는 시퀀스가 단 두세 장면에 불과할 뿐이라는 사실이다. 그럼에도 베네딕트 컴버배치와 마이클 섀넌의 지금 앞에 없는 서로를 의식하고 있는 듯한 노련한 연기는 에디슨과 웨스팅하우스가 마치 권투 시합이라도 벌이는 듯 팽팽하게 느껴진다. 러닝타임을 길게 할애하지 않지만 니콜라스 홀트가 맡은 니콜라 테슬라(일론 머스크의 전기 자동차 '테슬라'도 그의 이름에서 따왔다)가 에디슨에게 교류 전기 방식을 제안했다가 퇴짜 맞고, 웨스팅하우스와 손을 잡는 일화 또한 흥미롭다. 에디슨의 개인 비서인 사무엘 인설을 연기하는 '스파이더맨' 톰 홀랜드도 반갑다. 작은 일까지 세세하게 상의하는 에디슨과 사무엘 인설의 모습은 어떤 면에서는 아버지와 아들 같아, 미소를 자아낸다.

<커런트 워>는 얼핏 프로타고니스트와 안타고니스트의 대결처럼 보이는 에디슨과 웨스팅하우스 두 사람을 놓고 누가 옳고 그른지를 따지고 가려내려 드는 이야기가 결코 아니다. 감독의 전작 <나와 친구, 그리고 죽어가는 소녀>에서, 주인공 그렉(토마스 만)과 얼(RJ 사일러)이 백혈병에 걸려 시한부 인생을 사는 친구(올리비아 쿡)와 우정을 쌓는 과정을 때로는 유쾌하게, 또 때로는 애잔하게 그려내며 인생의 한 시기와 사건을 둘러싼 인물의 다채로운 감정을 그려냈던 것처럼 <커런트 워>에서도 두 사람의 명암을 복합적으로 그려낸다. 알폰소 고메즈

레존 감독은 에디슨과 웨스팅하우스가 가정에서, 사업에서 약해지는 순간을 놓치지 않는다. 발명에만 매달리며 가정에는 소홀하던 에디슨은 소중한 가족이 떠나자 그의 목소리가 녹음된 축음기를 틀며 무척 상심한다. 자기 인생의 균형을 잡아주던 존재를 잃은 데 대한 커다란 상실감, 그리고 뒤늦은 후회의 부질없음을 찬찬히 비춘다. 웨스팅하우스의 사정 또한 교류 전기는 위험하다는 에디슨의 언론 공세와 휘몰아치는 각종 고소로 벅찬 가운데, 오랜 파트너가 교류 전기 사고로 세상을 떠나자 휘청거린다. 파트너의 죽음으로 인한 상심, 그것으로 인해 흔들리는 사업에 대한 걱정, 고난을 돌파해야 하는 고민 등 온갖 감정이 마이크 섀넌의 주름에 깊숙이 박힌다. 최고가 되겠다는 일념, 자신의 신념에 대한 자신감으로 생겨난 경쟁과 라이벌 의식 속에서 치열하게 치고받는 과정에서 드러나는 각자의 인간적인 결함과 상처, 고뇌가 이 영화의 관전 포인트다. 시대물이지만 정정훈 촬영감독은 "촬영을 하며 배경이 과거란 사실을 크게 의식하지 않았다"고 밝힌 바 있다. "광각 렌즈를 활용하고, 패닝을 많이 시도하는 등 현재 이야기처럼 찍으려고 했다. 19세기 미국을 기준으로는 이것이 '현재'니까."

매력이 많은 영화지만 <커런트 워>는 개봉까지 순탄치 않은 과정을 겪어야 했다. 이 영화의 제작자가 하비 와인스틴이었기 때문이다. 잘 알다시피 하비 와인스틴은 <펄프 픽션>, <시카고>, <반지의 제왕> 시리즈 등 수많은 전설적인 영화를 흥행시키며 할리우드에서 막강한 영향력을 떨쳤던 제작자다. 한편으론 '가위손'으로 악명 높은 영화 제작자이기도 했다. 감독의 의사와 관계없이 마구 잘라버린다는 뜻에서 생겨난 별명이다. <커런트 워> 역시 그의 가위손을 피해 가지 못했고, 하비 와인스틴이 편집에 개입한 버전으로 토론토국제영화제에서 첫선을 보였다가 혹평을 당하는 아픔을 겪어야 했다. 이처럼 무소불위의 권력을 휘두르던 하비 와인스틴의 결말은 모두가 아는 그대로다. 2017년 로즈 맥고완, 안젤리나 졸리, 기네스 팰트로, 레아 세이두, 카라 델러빈 등 여성 배우들이 『뉴욕타임스』를 통해 그가 자행한 성폭력을 연달아 폭로했고, 결국 하비 와인스틴은 2020년 2월 24일 성범죄 혐의로 유죄를 선고받고 법정 구속됐다. 이 사건은 전 세계적인 미투 운동을 촉발했다. 파산한 와인스틴 컴퍼니는 랜턴 캐피탈이라는 회사가 인수했는데, 이때 <커런트 워>를 포함한 많은 영화의 개봉이 불투명해졌다. 하지만 알폰소 고메즈 레존 감독은 배우, 스태프들의 열성적인 지원으로 수차례 재촬영과 재편집을 했고, 가까스로 그들만의 버전을 완성해, 가까스로 개봉할 수 있었다. 국내 개봉도 만만치 않았다. 어떻게든 국내 극장에서 상영하고자 정정훈 촬영감독을 도와 나도 국내 수입사와 랜턴 캐피탈 사이의 문제를 해결하기 위해 이런저런 노력을 했었다. 이 우여곡절 많던 에피소드도 언젠가는 공개할 날이 오기를.

⚡

누구라고요? 엠마 스톤이요?

<좀비랜드: 더블 탭>

"엠마 스톤과 함께 일하게 됐어요." 로빈 윌리엄스도, 조디 포스터도, 베네딕트 컴버배치도 참을 수 있었다. 하지만 엠마 스톤 자랑은 너무 부러웠다. <라라랜드> 블루레이 타이틀 커버에 사인을 받아달라고 조르고 싶었지만 그의 체면을 생각해 꾹 참았다. 정정훈 촬영감독이 <좀비랜드: 더블 탭>을 찍기로 했다는 소식을 들었을 때도 깜짝 놀랐는

데, 주연 배우와 친구가 되기까지 할 줄이야….

　　<좀비랜드: 더블 탭>은 좀비 코미디계의 히트작 <좀비랜드> 이후 10년 만에 제작된 속편이다. 루빈 플라이셔 감독, 엠마 스톤, 우디 해럴슨, 제시 아이젠버그 등 원년 멤버가 그대로 뭉치면서 화제가 됐다. 정정훈 촬영감독과 루빈 플라이셔 감독과의 인연은 감독의 전작인 <베놈>(2018)에서 시작됐다. 정정훈 촬영감독이 『씨네21』과 진행한 인터뷰에서 뒤늦게 밝힌 내용인데, 그는 원래 루빈 플라이셔 감독이 연출을 맡은 <베놈>의 촬영감독 최종 후보 두 명 중 하나였다. 하지만 강력한 경쟁자였던 매튜 리바티크 촬영감독이 <베놈>을 찍겠다고 먼저 결정하는 바람에 기회를 잃었다. 하지만 인연은 거기서 끝나지 않았다. <베놈>이 끝난 뒤 루빈 플라이셔 감독은 정정훈 촬영감독에게 연락해 <좀비랜드: 더블 탭>에 들어가는데 촬영을 맡아주었으면 좋겠다고 제안을 한 것이다. 정정훈 촬영감독은 "나 또한 전작의 팬이었고, 우디 해럴슨, 제시 아이젠버그, 엠마 스톤 등 좋아하는 배우들과 함께 작업할 기회라 선뜻 수락했다"고 당시를 떠올렸다.

　　<좀비랜드: 더블 탭>은 1편의 B급 유머와 키치적인 감성은 그대로, 스펙터클과 재미는 곱절 이상으로 커진 액션 코미디다. 미국이 좀비 바이러스의 창궐로 '좀비랜드'가 된 지 10년이 흐른 뒤의 이야기로, 워싱턴 D.C.의 버려진 백악관에서 가족처럼 살던 탤러해시(우디 해럴슨), 위치타(엠마 스톤), 콜럼버스(제시 아이젠버그) 사이에 미묘한 균열이 생기면서 시작된다.

　　정정훈 촬영감독은 시나리오를 처음 읽었을 때 "이번 영화 또한 가족 이야기이자 성장담"이라 "쉽게 공감할 수 있었다"라며 감상을 말해주었다. "꼬마 리틀록(애비게일 브레슬린)은 어떻게 자랐을까, 10년

이 지난 '좀비랜드'는 어떤 모습일까 같은 전편에서 이어질 이야기들이 시나리오를 읽기 전부터 너무 궁금했고, 나이가 들어가는 아버지 탤러해시(우디 해럴슨)에 대한 이야기이기도 해서 더욱 몰입할 수 있었다."

정정훈 촬영감독 작품에서 흔치 않은 코미디 장르라는 점에서도 <좀비랜드: 더블 탭>은 특별한 필모그래피다. <커런트 워>처럼 이 영화 또한 연기 잘하는 배우들이 대거 출연하는 작품이다. 루빈 플라이셔 감독이 강조했다는 "코미디 장르인 만큼 배우들의 생생하고 즉흥적인 리액션을 놓치고 싶지 않다"는 주문에도 연기파 배우들을 전면에 내세우고 싶다는 의지가 깃들어 있었다. 그러기 위해 정정훈 촬영감독은 대화 장면을 찍을 때 카메라 세 대를 동원해 인물의 정면숏, 어깨너머숏, 측면숏 세 방향에서 인물을 담아냈다. 그 어떤 숙련된 촬영감독도 매 테이크 달라지는 배우들의 섬세한 리액션을 예측하기 쉽지 않았을 것 같다. "배우들이 서로 친하고 경험도 많아 대사 호흡이 매우 잘 맞았는데, 이 영화는 같은 대사라도 배우가 어떻게 구사하느냐에 따라 뉘앙스가 많이 달라지는 이야기다. 그들의 연기에 따라 달라지는 대사 뉘앙스를 빠르게 포착하고 그에 따라 카메라의 움직임도 바뀌어야 해서 감독의 권유로 배우들의 연습 과정에 참여해 유심히 지켜보기도 했다." 그러면서도 동시에 웬만해선 조명을 수정하지 않도록 세팅해야 했다. 이번에도 어김없이 43회차라는 빡빡한 촬영 일정이 주어져, 하루에 찍어야 할 분량이 많았던 탓이다.

개인적으로 이 영화에서 좋아하는 장면은 인물도 총출동하고 좀비도 우르르 나와 난장판이 되는 영화의 후반부, 바빌론 시퀀스다. 액션의 스펙터클이 정점으로 달려가는 와중에 등장인물들이 가족으로서의 유대감을 주고받는다는 점에서 중요한 감정 신이기도 하다. 핏

줄로 맺어진 가족은 아니지만 탤러해시와 리틀록의 관계에서 아버지와 딸의 모습을 보여주는 것이 중요했고, 때론 소외되기도 했지만 결국은 가족을 지키는 모습으로 아버지의 몫을 해내는 탤러해시의 역할도 잘 부각되어야 했다. 정정훈 촬영감독 또한 이 장면의 중요성을 잘 알고 있었다. "옛 식구들과 새로운 식구들이 한데 어우러지며 단단한 결속감을 느끼게 되는 모습이 잘 드러나는 장면을 만들어야 했다. 촬영감독으로서 액션신의 규모보다는 가족, 신세대와 구세대의 갈등과 화합 등 다양한 메시지를 자연스럽게 담아내려고 했다."

이렇게 매년 한두 편씩 꾸준히 작업하면서 그는 할리우드에서 서서히 자리를 잡아갔다. 새 작품이 결정될 때마다 축하를 건네는 내게 그는 매번 "여전히 많이 부족하다"고 손사래를 쳤지만, 어쩌면 그런 겸손함과 성실함이 이른 시간 안에 할리우드에서 이름을 알리게 된 비결이 아닐까 싶다.

(정정훈) 10:
<스타워즈> 시리즈 사상
최초의 한국인 촬영감독이 되다.

귀를 의심했다. 정정훈 촬영감독이 <스타워즈> 새 시리즈를 찍는다니!
물론 이제 할리우드에 안착하여 매년 감독들의 러브콜을 받는 그다.
할리우드에서 활약하는 그가 할리우드 대표 프랜차이즈인 <스타워즈>
시리즈를 찍는 것은 전혀 이상한 일은 아니다. 하지만, 그럼에도, 그의
입을 통해 내가 아는 정정훈이 <스타워즈>를 찍는다는 소식을 처음
들었을 때의 기분이란, 감격 그 이상이었다. 할리우드의 가장 오래된,
전 세계적인 팬덤을 거느리고 있는 미국을 대표하는 프랜차이즈가 바
로 <스타워즈> 아닌가. <스타워즈>에 참여한다는 건 할리우드라는
야생의 정글에서 훌륭히 살아남은 걸 넘어 완전히 인정받았다는 느낌
을 주었다. 정작 당사자인 정정훈 촬영감독은 무덤덤한 반응을 보였지
만, 나는 내 일처럼 뿌듯했고 자랑스러웠다. 당장이라도 SNS에 올리고
싶어 입이 근질근질했다. "정정훈이 <스타워즈> 새 시리즈를 찍는대
요!" 하고 말이다. 지금도 정정훈 촬영감독이 민망해하기도 하고, 자신
으로서는 큰 의미를 부여하지 않는 표현이지만, 나는 꼭 한마디를 덧
붙이곤 한다. 그는 키스태프로 <스타워즈> 시리즈에 참여한 최초의
한국인이라고.

2022년 6월 디즈니 플러스에서 공개된 6부작 시리즈 <오비완
케노비>는 아마도 <스타워즈> 시리즈 중에서 가장 어두운 룩을 구현

한 작품일 것이다. <오비완 케노비>는 아나킨 스카이워커의 몰락 후 10년이 지난 뒤, 다스 베이더가 이끄는 제국군이 뿔뿔이 흩어진 제다이를 소탕하는 데 혈안이 돼 있는 암흑 시기에 정신적으로 무너져 은둔하여 살아가던 오비완 케노비가 제국군에게 납치된 레아 공주를 구출하기 위해 다시 세상 밖으로 나선다는 줄거리다. 제작사인 루카스필름과 이 시리즈의 연출자 데보라 초우 감독이 정정훈 촬영감독에게 기대했던 것도 그의 이름 석 자를 전 세계 영화 팬들에게 알렸던 <올드보이>부터 근작 <라스트 나잇 인 소호>까지 전작에서 선보였던 빛과 어둠의 세공술이었으리라. 그들의 바람대로 정정훈 촬영감독의 카메라는 서사에 어두우면서도 깊이 있는 숨결을 불어 넣었다.

정정훈 촬영감독의 필모그래피에서 <오비완 케노비>는 LED 볼륨 스튜디오라는 새로운 방식의 조명 시스템을 처음으로 활용했다는 점에서도 의미가 있다. 이 LED 볼륨 스튜디오 촬영은 ILM[14]이 <오비완 케노비> 이전에 <만달로리안>을 작업할 때 시도했던 바 있는 새로운 조명 시스템으로, 블루, 그린 스크린을 배경으로 인물을 촬영한 뒤 후반 작업에서 인물과 배경을 합성하는 기존의 VFX 합성 방식과 달리 고해상도 LED 패널로 세트장 사방 벽을 둘러싸고, 언리얼 엔진[15]으로 사전에 제작한 영상을 실시간으로 렌더링하여 LED 패널에 삽입해 배경으로 기능하게 하여 촬영하는 방식이다. 현재 한국 포함 전 세계 촬영감독들 사이에서 가장 핫한 조명 시스템이기도 하다. 이 시스템은 새롭게 시도하는 기술이라 영화 촬영장에선 아직 노하우가 많지 않아 촬영감독으로선 마냥 편하지만은 않은 도구다. LED 패널은 자체

14   인더스트리얼 라이트&매직. 루카스 필름 소유의 특수 효과 및 시각 효과 스튜디오
15   3차원 게임 엔진

적으로 빛을 내기 때문에 LED 볼륨 스튜디오에서 촬영 시 조명을 과하게 사용하거나 노출값을 잘못 계산하면 LED 패널과 조명의 빛이 서로 충돌해 전체적인 룩에 영향이 가게 된다. 이 문제를 해결하기 위해 정정훈 촬영감독은 VFX팀과 사전에 많은 테스트를 거쳤다고 한다. 이처럼 촬영 전부터 준비해야 할 게 많은 작업이지만 그만큼 장점도 확실하다. 기존 블루스크린 합성 방식은 결과물이 어떤 그림으로 나올지 예측하기 힘들다. 반면 LED 볼륨 스튜디오 촬영 방식은 인물과 배경이 합성된 결과물을 실시간으로 확인할 수 있어 배우들이 감정 연기에 더 집중할 수 있고, 빛을 일관적인 톤으로 유지할 수 있는 데다가 배경을 원하는 그림으로 자유자재로 바꿀 수 있다.

팬들마다 취향 차이가 제각각인 <스타워즈>지만, 개인적으로 이 시리즈에서 가장 흥미진진하게 봤던 에피소드는 다스 베이더와 오비완 케노비가 10년 만에 마주해 광선검 대결을 벌이는 3화다. 활활 타오르는 용암을 배경으로 대결을 벌이는 등 화려하고 선명하게 연출됐던 지난 시리즈와 사뭇 다르게, <오비완 케노비> 속에서 다시 성사된 둘의 대결은 광선검에서 나오는 가느다란 빛에 의존할 만큼 어둡게 연출돼 인상적이었다. 시리즈가 처음 공개됐을 때 북미 지역의 <스타워즈> 골수팬들 사이에서 "왜 이렇게 어둡게 찍었냐"는 불평불만들이 나왔을 정도니까. 정정훈 촬영감독은 <스타워즈> 시리즈의 시그니처와 같은 이 대결 장면을 왜 어둡게 찍었을까. 시리즈가 모두 공개된 뒤에 정정훈 촬영감독에게 이 부분을 물었다. 그는 촬영 전 데보라 초우 감독과 다스 베이더가 광선검을 켰을 때 비로소 어둠 속에 숨어있는 그의 모습이 살짝 드러날 정도로 어둡게 찍을 것으로 논의했다고 한다. <스타워즈> 팬들에게는 다스 베이더의 모습이 명확하게 드러나지 않아 아쉬울 순 있으나, 다소 어둡게 표현하는 편이 더 다스 베이더에 가까운 이미지라고 생각했을 것이다. 촬영 현장에서 데보라 초우 감독과 정정훈 촬영감독이 '조금만 더 어둡게, 조금만 더 어둡게' 하면서 최대한 어둡게 촬영했다고 한다. 사실 우리가 본 최종 화면은 원래 둘의 의도보다는 조금 밝게 나온 것이라고.

이밖에도 오비완 케노비가 레아 공주를 찾으러 간 다이유 행성의 전반적으로 어두운 분위기와 화려한 네온사인의 조화가 눈에 띈다. 광산 태양계인 마푸조에서 오비완 케노비와 레아 공주가 동행하는 장면은 사막을 배경으로 서부극처럼 연출된 롱숏이 흥미롭다. 오비완 케노비가 레아 공주를 구출하기 위해 제국군 기지에 들어갔다가 탈출하는 시퀀스도 인상적이다. 등장인물이 많고, 배우들의 동선이 복잡하며, VFX 작업도 들어가는 데다가 서스펜스도 구축해야 해서 촬영이 쉽지 않았을 텐데, 스톰트루퍼가 떼로 나와 전쟁을 벌이고, 제다이가 광선검을 휘두르는 <스타워즈> 시리즈의 시그니처 액션신이 잘 느껴졌다.

유서 깊은 프랜차이즈 시리즈일수록 변화를 원하는 팬들과 기존의 문법과 스타일에 충실한 팬들 사이에서 줄타기를 절묘하게 해 내야 하는 과제가 주어진다. 정정훈 촬영감독의 촬영은 시리즈 특유의 스타일에 충실하되, 이야기에 맞는 촬영을 시도했다는 점에서 충분히 미션을 완료했다고 볼 수 있겠다. 이후 <스타워즈> 시리즈의 촬영감독으로 계속 활약했으면 했는데, 정정훈 촬영감독은 또 다른 도전으로 뛰어들었다. 그의 차기작은 <엘리노어 릭비: 그 남자 그 여자>를 연출하고 마블의 <블랙 위도우>의 원안가인 네드 벤슨 감독의 신작 <위대한 히트>다. 정정훈 촬영감독의 말에 따르면 "간만에 몸으로 때우는 영화"라고 한다.

홍경표 9:

"THE OSCAR GOES TO…

PARASITE!"

<기생충>이 칸에서 황금종려상을 타던 날, 홍경표 촬영감독은 지구 반대편에 있었다. <다만 악에서 구하소서>의 로케이션 헌팅을 위해 태국 방콕에 머물고 있었던 것이다. 상찬에 쑥스러워하고 상에 무심한 성격인 그이지만, 그날만큼은 일을 마친 뒤 촬영부 조수들과 숙소에 둘러앉아 칸영화제 시상식을 실시간으로 지켜보았다고 한다. 그만큼 그에게 <기생충>은 남다른 의미를 가진 작업이었다.

홍경표 촬영감독은 봉준호 감독이 황금종려상을 거머쥐는 모습을 보고 뛸 듯이 기뻐했다. 수상이 믿기지 않는다고도 했다. "살면서 이런 일이 다 있구나 싶어 잠이 안 올 정도로 기분이 좋았다. 많은 상을 받아봤지만, 게다가 직접 참석해서 받은 것도 아닌데 칸 황금종려상은 기분이 남달랐다." 그에게 울지 않았냐고 조금 짓궂은 질문을 했다. 그는 "절대 울지 않았다"면서 과거 얘기를 꺼냈다. "미국 유학 생활을 마치고 한국에 돌아왔을 때 홍대 근처 반지하방에서 살았다. 데뷔작인 <처녀들의 저녁식사>를 찍기 전이었다. 그 방 벽에 칸영화제 포스터를 붙여놓고 '언젠가 나도 칸에서 상을 받아야겠다'는 막연한 꿈을 꿨던 기억이 났다." 휴대폰 속에 아직도 간직하고 있는 그 옛날 반지하방 사진을 보여주는 그의 모습에서 거장을 꿈꾸던 패기 넘치는 촬영감독 지망생의 표정을 언뜻 엿볼 수 있었다.

이 영화는 그가 <설국열차>(2013) 이후 5년 만에 봉준호 감독과 다시 만난 작품이다. 홍경표 촬영감독은 봉 감독과 작업한 세 편의 영화 중에서 <기생충>의 시나리오가 가장 재미있었다고 했다. "봉 감독에게도 얘기했는데 <기생충>은 삶의 애환을 현실적으로 다루면서 인물과 사건이 명확하게 정리돼 완벽했다." <설국열차> 때와 비교해 봉준호 감독이 달라진 점도 궁금했다. "<설국열차>나 <옥자>(2017)는 봉 감독이 외국 배우, 스태프와 함께 작업한 프로젝트이지 않았나. 해외 프로젝트를 진행하면서 적지 않은 고충이 있었을 것이다. 영화 공정에 큰 차이가 없더라도 문화가 다르니까. <기생충>은 봉 감독이 오랜만에 한국 배우, 스태프들과 함께 작업한 영화라, 그만큼 그가 좀 더 재미있게 놀 수 있었던 현장이었다."

오랜만에 함께 만난 두 사람인 만큼 작업 방식에도 변화가 있었다. 프로덕션 진행 과정에서 한 세트가 완성되면 봉준호 감독은 그 공간에 맞게 기존 시나리오를 수정해 콘티로 내놓았다. 현장 상황을 콘티에 탄력적으로 반영한 것이다. 이렇게 되면 이야기의 큰 골격을 기준으로 작업하되, 현장과 프로덕션 상황에 맞게 세부적인 요소들을 변주하게 된다. 그것은 프로덕션에 들어가기 전 콘티를 90% 확정했던 <마더>나 <설국열차>와는 매우 큰 차이였다.

<기생충>은 인물과 공간이 유독 유기적으로 연결되는 영화다. 촬영부, 연출부, 제작부 각 1명씩 총 3명으로 구성된 로케이션 헌팅팀이 서울 시내 거의 모든 공간을 이 잡듯이 뒤졌다. 그중에서도 특히 영화 속에서 서로 대척점을 이루는 박 사장(이선균)의 집과 기택(송강호)의 집을 잇는 장소들을 찾는 데에 주안점을 뒀다. "박 사장의 집에서 기택의 반지하 집까지 이어지는 라인이 시나리오에 명확히 정해져

있다. 그 라인을 실제 공간으로 구현해내는 게 가장 중요했다"는 게 홍경표 촬영감독의 설명이다.

　　박 사장의 집에서 기택의 반지하 집으로 이어지는 공간을 따라가보자. 출발점인 서울 평창동에 위치한 것으로 설정한 박 사장의 집은 전주에 거대한 세트를 지어 촬영을 진행한 공간이다. 이 세트를 짓기 전 홍경표 촬영감독은 세트가 지어질 땅을 기준으로 해의 움직임부터 살펴봤다. 그리고 해의 방향에 맞춰 대문, 거실, 부엌, 지하, 잔디밭, 아이들 방 등 각 공간의 방향을 정했다. 공간마다 너무 튀지 않게 균형을 유지하되, 마치 <설국열차>의 기차 칸이 각기 다른 콘셉트였던 것처럼 각자 다른 느낌을 담아내고자 했다. 먼저 앞마당이 있다. 앞마당은 해가 찬란하리만큼 환하게 쏟아져야 했다. 박 사장의 저택에서 자연광이 카메라에 가장 잘 담긴 장면도 앞마당으로, 기정(박소담)이 문광(이정은)에게 복숭아 털을 뿌리는 시퀀스다. "그때 기정에게 부딪혀 반사된 빛이 마치 물결치는 것처럼 보이지 않나"라는 게 홍경표 촬영감독의 표현이다. 집 안으로 들어간다. 거실 역시 통유리를 통해 쏟아지는 광량이 무척 많다. 그 빛이 대리석 바닥에 반사돼 실내 공간을 환하게 비추는 게 주요 특징이다. 거실의 낮 장면은 모두 자연광으로 찍었다. 인공 조명은 세세한 콘트라스트를 조절하는 보조광 역할로 사용했다. 때때로 해가 원하는 방향과 다른 위치에 있을 때는 인공 조명을 단 크레인을 올려 빛을 의도적으로 떨어뜨리기도 했다. 반면 거실의 밤 장면에서는 저택 천장, 벽에 달린 조명이 많이 투입됐다. 현관문에서 거실로 올라가는 계단 벽에 박 사장이 귀가할 때마다 깜빡이는 고장난, 알고 보니 근세(박명훈)에 의해 인위적으로 작동되고 있었던 조명을 포함한 대부분의 조명이 옐로 계통으로 표현된 게 특징이다. 홍경표 촬영감독은 "기택의 집 또한 옐로 계통의 조명이긴 하다. 하지만 박 사장 집은 그보다 훨씬 고급스러운 옐로 빛"이라고 설명했다.

거실 아래 지하실은 매우 비밀스러운 공간이다. 봉준호 감독과 홍경표 촬영감독이 함께 정한 원칙에 따르면 이곳은 사람 하나가 겨우 들어갈 좁은 공간이어야 하고, 건물의 2층 공간부터 지하실까지 동선이 이어져야 했다. 이 공간을 실제로 구현하면 촬영 과정이 매우 복잡해진다. 하지만 이런 공간감에서 어렵게 촬영하는 것이 관객에게 리얼리티를 부여할 수 있을 거라고 판단하여, 어려운 조건하에 촬영을 진행하게 된 것이다. 이를테면 복도가 워낙 길고 좁은 탓에 카메라 화각을 확보하기 쉽지 않았는데, 확보하지 않은 채로 그대로 밀고 갔다. 문광이 연교(조여정)에게 전화하겠다고 협박하자 기택이 "아줌마!" 하고 외치는 장면만 카메라가 클로즈업 숏을 찍기 위해 인물 쪽으로 비집고 들어갔을 뿐이다. 그 외에는 카메라가 좌우로 움직인 장면은 없다. 그저 공간의 한계를 그대로 반영하듯 복도 앞뒤로 오가며 찍었다. 조명을 눈여겨보는 것도 박 사장의 저택 배경 시퀀스를 즐기는 또 다른 방법이다. 먼저 봉준호 감독이 박 사장 집에서 가장 애착을 보인 공간은 단연 지하 비밀공간으로 이어지는 벽장이었다고 한다. 봉 감독은 벽장이 매우 눈에 잘 띄어야 한다고 주문했고, 그에 따라 벽장에 아주 밝고 선명한 조명을 세팅했다. 기택의 네 식구가 처음 지하로 들어가는 시퀀스와 기우가 돌을 든 채 혼자서 내려가는 후반부 시퀀스는 각기 다른 톤의 조명으로 설계됐다. 후자가 빛이 좀 더 어둡게 세팅됐는데, 호러 영화 같은 분위기를 내기 위해서였다고 한다. 또, 문광의 남편 근세가 숨어 살던 지하 공간은 땅굴 같은 분위기를 내면서도 한편으론 사람이 사는 생활감을 더하는 것이 중요했다. 여기서부터 영화가 후반부로 치달으며 긴장감을 쌓아 올려야 하는 까닭에 조명을 많이 세팅하지 않고 해가 들지 않는 어둑한 느낌을 자연스럽게 표현하려고 했다.

　　<기생충>은 '계단 영화'라 불러도 이상하지 않을 만큼 많은 계단이 등장한다. 그중에서도 기택, 기우, 기정 세 사람이 박 사장 집을 나와 폭우 속에서 터널을 지나고 계단을 끝없이 내려가 그들의 반지하 집으로 가는 계단 시퀀스가 특히 중요하다. 그 어떤 큰비가 와도 염려 없는 박 사장의 집에서 주인인 양 즐기던 기택 가족이 비와 오수에 잠긴 반지하 집으로 순식간에 내려가는 과정을 이미지로 표현하기 때문이다. 홍경표 촬영감독 역시 이 하강하는 느낌에 집중했다. 이 장면의 포인트는 각기 다른 장소에 위치한 조금씩 다른 느낌의 계단을 내려가는 장면을 연달아 보여주어, 끝없이 내려가는 것처럼 느껴지게 한 것이다. 이 계단 장면에서 부감숏은 거의 사용하지 않고 대부분 풀숏으로만 찍은 것도 인상적이다. 부감숏이 끼어들었다면 인물들이 계단 아래로 내려올 때 하강하는 이미지를 임팩트 있게 전달하기 어려웠을 것이다. 홍경표 촬영감독은 이렇게 설명했다. "이 영화에서 가장 큰 풀숏이 세 식구가 집으로 돌아갈 때 계속 내려가는 계단 시퀀스다. 비가 내릴 때 기택 집 근처 골목에 있는 계단도 찍었는데 편집에서 빠졌다. 그게 들어가면 계단 시퀀스가 너무 길어지고, 촬영한 지 얼마 안 됐을 때 찍었던 터라 화면에 담긴 비의 양도 충분해 보이지 않았기 때문이다. 또 작정하고 찍은 부감숏은 없지만 그럼에도 공간과 인물을 넓게 보여주기 위해 부감숏처럼 보이는 앵글로 두어 번 찍긴 했다. 하나는 세 식구가 비를 맞으며 박 사장 집을 나와 내려가는 장면이고, 또 하나는 그들이 터널로 가기 직전의 장면이다. 사족이지만 영화에서 가장 넓은 부

감숏은 영화 초반에 기우가 민혁(박서준)과 함께 술 마시는 시퀀스에 등장한다."

밤에 비 내리는 계단 장면들을 풀숏으로 찍었다. 비와 밤의 조합은 말하자면 산 넘어 산이다. 기본적으로 풀숏이나 롱숏은 카메라가 커버해야 할 범위가 매우 넓다. 화면 프레임 안에 들어오는 모든 요소에 조명을 설계해야 한다는 뜻이다. 더군다나 비까지 내리는 장면이라면 조명을 세팅하는데 제약이 더 많고, 그래서 촬영, 조명팀은 평소보다 더 각별히 신경을 곤두세워야 했다. 화면에 등장하는 가로등은 하나도 빠짐없이 전부 홍경표 촬영감독의 손길을 거친 조명이다. 실제 가로등은 광량이 부족했기 때문이다. 계단 시퀀스, 기택 집 앞 거리에 있는 가로등은 원래 흰색 계통인데 붉은색으로, 박 사장 집과 근처 동네에 있는 가로등은 원래 붉은색이었는데 흰색으로 바꾼 것도 재밌는 지점이다.

배우들이 비를 맞으며 계단을 내려가는 장면은 인공 비를 뿌려서 찍긴 했지만, 강우 확률이 높은 날에는 배우도 스태프도 현장에서 대기하며 비를 기다렸다. 비가 내리지 않으면 인공 비를 뿌려서 찍으면 되지만, 홍경표 촬영감독은 화면 저 멀리에 담길 산에도 비가 내리길 원했다. 밤 장면이니만큼 어두워서 뒤에 배경까지는 소홀했을 법도 한데, 가능한 한 사실적으로 비 오는 광경을 담아내려 노력한 것이다. 만일을 대비해 비가 내리는 날이면 촬영부끼리 카메라를 들고 촬영 장소로 가서 비 내리는 모습을 따로 찍은 것도 그래서다.

빗속에서 터널과 계단을 끝없이 걸은 기택 가족은 드디어 그들의 반지하 집에 당도한다. 이 공간은 고양 아쿠아 스튜디오에 지은 세트다. 창문 바깥 풍경은 로케이션 촬영을 하여 합성한 것이다. 미술팀과 논의하여 세트는 절대 크게 만들지 않기로, 실제 반지하 집 크기로 짓기로 했다. 여기서도 '덴깡'을 하지 않기로 했다. 세트를 크게 짓거나 일부를 떼어내 화각을 확보해 인물을 찍는 게 촬영감독으로선 더 수월한 작업이었을 텐데 왜 그런 선택을 했을까. 홍경표 촬영감독의 대답은 단순했다. "실제로 좁은 공간에서 찍어야 관객이 진짜 반지하 집의 공간감을 느낄 수 있다. 세트를 떼었다가 붙이고, 렌즈로 공간을 왜곡하면 어쩔 수 없이 나는 인위적인 느낌을 경계하려고 했다. 아무리 해도 수가 없어서 세트의 아주 작은 부분만 떼어내 아슬아슬하게 화각을 확보한 적은 있지만, 그런 상황에서도 카메라와 렌즈만은 세트 벽 바깥으로 나가지 않으려고 했다." 렌즈나 조명으로 비교적 '쉽게' 갈 수도 있었지만, 그렇게 했을 때 화면에 배어 나올 수 있는 사소한 디테일조차 피하려 진짜 작은 공간에서 있는 그대로 찍는 방식을 선택한 것이다. 카메라의 몸체가 작고 생김새가 가로로 퍼진 모양인 '알렉사 65' 기종을 선택한 것도 좁은 공간에서 화각을 확보하기 위한 목적이었다. 함께 선택한 렌즈인 프라임 DNA 시리즈 렌즈도 화각이 매우 넓다. 보통 24밀리 와이드 렌즈를 사용하면 배경이 넓어지는 대신 인물이 그만큼 멀어 보이는데, 화각이 넓은 프라임 DNA 시리즈 렌즈는 같은 크기의 배경에서도 인물이 훨씬 더 커 보인다.

이 집의 주요 광원은 반지하 집에서 길가로 난 허름한 창문에서 들어오는 햇빛이다. 홍경표 촬영감독은 봉준호 감독과 함께 그 빛은 무조건 자연광으로 찍기로 했다. 자연광을 선택한다는 건 한 공간의 시간대별 빛의 움직임을 파악해야 하고, 빛의 방향과 광량 등 자연 조건이 맞아떨어질 때까지 기다리는 것을 뜻한다. 홍 촬영감독은 야외 수조에 지은 반지하 집 세트에 들어가 빛이 시간대에 따라 어떤 방향으로 움직이고, 어떤 각도로 집 안으로 떨어지는지 하루 종일 관찰하며 확인했다. 그러나 실제 촬영에 들어가 영화의 오프닝 시퀀스를 처음 찍을 때, 날씨가 좋지 않아 창밖의 자연광이 원하는 대로 들어오지 않아 속상했다고 한다. 다음날 마침 원하는 빛이 들어와서 봉준호 감독에게 한 번 더 찍자고 요청해, 지금의 영화처럼 찍을 수 있었다. 촌각을 다투는 촬영 현장에서 손쉽게 조율할 수 있는 인공조명이 아니라 고도의 인내심과 순발력을 요구하는 자연광을 고집했던 이유가 무엇일까. 홍경표 촬영감독은 이렇게 설명했다. "이 영화는 빛, 특히 자연광이 중요한 순간에 탁, 탁, 탁, 탁 하고 화면에 잘 담겨야 한다. 기택의 집은 기택 가족의 삶을 드러내는 중요한 공간이다. 해가 집안으로 바로 들어오지 않는 반지하의 느낌을 사실적으로 살리는 게 중요한 과제였다. 골목을 지나가는 차에 반사된 햇빛이 창 앞에 매달린 눅눅한 양말들을 거쳐 집 안으로 들어가는 움직임을 한 번에 보여줘야 하는 영화의 오프닝 시퀀스는 반드시 자연광으로 찍어야 했다."

전 세계가 <기생충>에 몰입하고 열광한 데에는 홍경표 촬영감독의 역할이 분명히 크다. 그가 공간에 따라 빛은 물론 카메라 움직임, 컷 분할 등을 정교하게 설계하며 화면을 완벽하게 장악한 덕에 이야기는 한층 힘 있게 달려나갈 수 있었다. 물론 아무것도 모르고 봐도 그가 만들어 낸 화면에는 치밀한 아름다움이 있다. 하지만 진짜보다 더 진짜 같은 영화 속 빛이 실은 홍경표 촬영감독의 치열한 계산 끝에 도출된 '해답'이었다는 사실을 알게 되면, 아이러니하게도 영화라는 마법에 한층 경탄하게 된다. 플레인아카이브가 제작한 <기생충> 블루레이를 볼 때마다 거듭 감탄하는 것도 그래서다.

홍경표 10:

고레에다 히로카즈, 이상일 감독과 찍은

한국영화, 그리고 일본영화

팬데믹이 길어지던 2022년은 홍경표 촬영감독에게 소처럼 일만 했던 해였다. 2021년부터 시작한 영화 <탈출: 프로젝트 사일런스> 촬영이 봄에 끝나자마자 곧바로 일본의 거장 감독인 고레에다 히로카즈 감독의 신작 <브로커>에 합류했다. <브로커>를 찍자마자 여름을 맞았고, 곧바로 이상일 감독의 영화 <유랑의 달>을 촬영하기 위해 도쿄와 나가노로 갔다. 그렇게 그해 가을까지 세 편의 영화를 연달아 찍은 그의 지칠 줄 모르는 체력과 열정에 감탄하지 않을 수 없었다. 재미있는 사실은 세 편 중 두 편이 일본 감독과의 작업이라는 점이다. 평소 해외 진출 계획을 물어볼 때마다 그는 "좋은 기회가 온다면"이라 말하던 그다. 마침내 그 좋은 기회가 찾아온 것이다. 엄밀히 따지면 <브로커>는 일본 감독이 한국 배우, 스태프와 함께 한국에서 찍은 한국영화이고, <유랑의 달>은 일본 감독과 배우, 스태프에 홍경표 촬영감독 팀이 합류한 일본영화라는 점에서 차이가 있다.

⚡

고레에다 히로카즈 감독과 함께 한 한국영화
<브로커>

<브로커>는 촬영 전부터 고레에다 히로카즈와 홍경표, 두 동갑내기 한일 거장의 만남으로 기대를 모았다. 촬영 전 홍경표 촬영감독은 기자에게 이 영화 촬영에 대한 힌트 하나를 던져주었다. "<브로커>는 등장인물들이 부산에서 강원도로 이동하는 로드무비야!" 이 짧은 힌트에 매달려 온갖 추측을 꼬리에 꼬리를 물 듯 펼쳐보았다. 로드무비니까 로케이션 촬영 비중이 높은 이야기일 것이고, 자연광을 적극 활용할 것 같고, 고레에다 히로카즈 감독의 영화니 당연히 VFX는 거의 없을 거고, 화려한 기교를 부리기보다는 인물을 기다리는 카메라에, 가만히 지켜보는 듯한 시선의 장면이 많을 것이다 등등. 홍 촬영감독은 딱 한마디 했다. "맞아! 나도 어떤 영화가 나올지 벌써부터 기대돼!" 나중에 영화를 보니 그때 했던 가정 대부분이 맞았다.

고레에다 히로카즈 감독의 첫 한국영화인 <브로커>는 가족의 한 형태를 그려낸다는 점에서 그의 전작과 비슷한 궤적을 그린다. 상현(송강호), 동수(강동원), 소영(아이유)이 각자의 목적을 가지고 아기에게 새 부모를 찾아주기 위해 떠나는 여정을 따라가는, 마냥 어둡지는 않지만 그렇다고 마냥 유쾌하지도 않은 이야기다. 이 여정에서 홍경표 촬영감독의 카메라를 관통한 자연광은 인물을 따뜻하면서도 쓸쓸하게 감싼다. 영화에 매직아워 장면이 유독 많은 것도 저마다 다른 생각과 상황에 처한 인물의 감정을 세심하게 표현하기 위해서일 것이다.

부산국제영화제에서 강동원 배우와 함께 했던 토크 프로그램

'액터스하우스'에서 밝힌 바 있는데, 이 영화에서 동수와 소영이 대관람차를 타는 영화의 후반부 시퀀스를 특히 좋아한다. 소영을 통해 자신을 버린 어머니를 용서하려는 동수의 마음이 잘 드러나는 장면이다. 특히 동수가 손으로 소영의 눈을 가리는 행동은 열 마디 대사보다 더 많은 감정을 드러내는 것 같았다. 동수가 소영의 눈물이 흐르기 직전에 눈가를 가리는 타이밍도 절묘했다. 둘이 탄 관람차 뒤로 보이는 석양의 여운도 길고 깊었다. 거창한 기교도 기술도 없는 담백한 촬영은 두 사람의 진심 어린 행동을 더욱 마법처럼 만들어 주었다. 언론배급 시사회가 끝나자마자 홍경표 촬영감독에게 전화를 걸었다. "대관람차 시퀀스는 배경을 합성한 장면인가요?"라고 물었다. 그는 "무슨 소리야. 그 좁은 공간에 나 혼자 들어가서 직접 찍었어. 해 질 녘이라 시간을 계산해보니 10~15분밖에 없었어. 대관람차 밖으로 보이는 석양과 바람 죽이지?"라고 웃으면서 얘기해주었다. 그저 빛과 구도의 정교한 계산만으로 만들어진 명장면이었던 것이다.

강동원 배우와 고레에다 히로카즈 감독이 '줌터뷰'에서 밝혔듯, 그 장면은 대관람차 공간이 매우 협소해 강동원, 아이유, 홍경표 촬영감독 셋만 촬영을 진행해 완성했다. 감독조차 모니터로도 동시에 확인할 수 없었던, 온전히 홍경표 촬영감독에게 맡겨진 시간이었던 거다. 강동원 배우에게도 그 장면은 동수의 진심 어린 마음이 잘 표현된 거 같아 의미가 깊다고 한다. "소영의 눈물이 흐르기 직전에 눈가를 가리고 싶었어요. 여러 번 갈 수 없으니 적절한 순간을 기다렸다가 눈물이 흐른다 싶을 때 손을 들고 눈을 딱 가렸던 건데, 타이밍이 진짜 잘 맞아서 마법 같은 구간이 됐죠. 그 신은 정말 담백하게, 그저 진심을 다해서 연기했어요. 어떤 기교도, 기술도, 시선 이동도 없이."

⚡

이상일 감독과 함께 한 일본영화
<유랑의 달>

<브로커> 촬영이 끝난 뒤 색보정 작업이 한창인 홍경표 촬영감독을 만나기 위해 일산을 찾은 적 있다. 그가 이상일 감독의 신작을 촬영하기로 결정했다는 소식도 그때 처음 들었다. 이 얘기를 접하자마자 "불과 불의 만남이네요"라고 그에게 말했다. 어마무시한 에너지로 촬영 현장을 끌고 가는 두 사람의 작업 스타일을 빗댄 표현이었다. 홍경표 촬영감독도 그 표현이 싫지 않은 듯했다. "그렇지. 이상일 감독과의 작업도 재미있을 것 같아!"

홍경표와 이상일, 둘의 만남을 주선한 사람은 봉준호 감독이었다. 이상일 감독을 포함한 일본 감독 몇몇이 <기생충> 전주 촬영 현장을 응원차 찾으면서 두 사람이 처음 만나게 된 거다. 이후 이상일 감독이 봉준호 감독을 통해 신작의 촬영을 홍경표 촬영감독에게 맡기고 싶다는 뜻을 전했고, 홍경표 촬영감독은 기꺼이 수락했다.

팬데믹 상황에서 도쿄, 나가노, 요코하마 세 도시를 돌아다니며 어렵게 찍었던 <유랑의 달>은 홍경표 촬영감독의 첫 일본영화다. 나기라 유 작가가 쓴 동명의 소설을 원작으로 한 이 영화 속 홍 촬영감독의 카메라는 사라사(히로세 스즈)와 후미(마츠자카 토리) 두 남녀의 감정을 물 흐르듯이 담아낸다. 늘 그렇듯이 인공조명을 최소화하되, 자연광과 카페, 집 등 실내에 있는 조명을 최대한 활용해 인물의 감정과 심리 상태를 표현해냈다. 그의 카메라는 서사가 진행되는 내내 크게 요동치진 않지만, 눈에 띄는 무빙이 있다. 카메라가 사라사와 후

미를 화면의 왼쪽 끝에서 오른쪽 끝으로 천천히 패닝하는 장면으로, 두 인물을 굳게 이어주는 듯해 인상적이었다. 가족도 연인도 아닌, 쉽게 규정되지 않는 특별한 관계를 형성한 두 남녀의 감정선을 끝까지 찬찬히 좇을 수 있었던 것도 그의 카메라에 담긴 빛의 집요하고도 친절한 안내 덕분이리라.

홍경표 촬영감독의 첫 일본영화 현장을 구경하고 싶었지만, 팬데믹 때문에 일본에 갈 수 없었던 것이 무척 아쉽다. 촬영 당시, 일본 영화계에선 '<기생충>의 촬영감독이 이상일 감독의 신작을 찍는다'는 소식으로 크게 화제가 됐었다. 히로세 스즈, 마츠자카 토리, 요코하마 류세이 등 젊은 스타 배우들이 이 작품에 출연을 결정하는 데에도 홍경표 촬영감독의 합류 소식이 한몫했다고 알려졌다. 홍경표 촬영감독의 요청에 따라 일본 카메라 업체에선 최신 모델을 들여왔고, 많은 일본 영화인들이 그의 촬영을 구경하기 위해 현장을 찾았다고 한다. 홍 촬영감독도 <유랑의 달> 촬영이 좋은 경험과 자극을 준 작업이라고 얘기한다. "로케이션 촬영 비중이 많아 제작진, 배우가 함께 여러 도시를 돌아다니고, 점심시간 때 둘러앉아 도시락을 먹고, 원하는 해를 함께 기다리는 등 좋은 추억을 쌓았다"는 게 그의 얘기다.

<기생충> 이후 미국 에이전시로부터 그에게 할리우드 작업 문의가 많이 들어오고 있다고 한다. "좋은 기회가 온다면 할리우드 영화에도 도전하고 싶다. 할리우드 영화든, 한국영화든, 일본영화든 새로운 시도와 도전을 계속 하고 싶다." 일본 촬영 경험으로 좀 더 자신감을 얻은 듯한 그의 말에, 다음 행보를 더욱 기다리게 된다.

In Focus

글: 류성희, 송종희, 박찬욱, 에드가 라이트, 이재혁, 이창동, 봉준호

<아가씨> 때였어요. <아가씨> 이전에 정정훈 촬영감독과 함께 한 마지막 작품이 <박쥐>였는데 그때만 하더라도 박현원 조명감독님이 옆에 계셨기에 정 촬영감독은 조명에 대한 큰 관심이 없는 줄 알았어요. 오히려 미장센 구성이나 내러티브, 시각적 독창성 등에 더 많은 관심을 기울이는 촬영감독인 줄 알았죠. 하지만 할리우드에서 여러 작품을 찍으면서 진정한 DP가 되어 한국에 돌아온 그와 오랜만에 함께 작업해보니 그는 조명에도 탁월한 감각을 갖춘 촬영감독이었어요. 박찬욱 감독님과 콘티를 함께 짠 사람이기에 작품의 무드를 정확하게 읽어낼 줄 알았죠. 그의 카메라는 관객에게 특정 장면과 그 장면에 가장 적합한 정보를 제공하면서도 시각적으로 탁월하게 아름답고 용감했어요. 기술적인 면, 예술적인 면 그리고 자신이 원하는 것을 훨씬 더 거침없이 추구해나가는 방식을 보니 미국에서 참 고생을 많이 했구나 싶어서 짠하기도 한 동시에 너무나 강해지고 성숙해졌다는 생각이 들었어요. 특히 그는 카메라의 움직임을 통해 많은 감정을 만들어내는 것 같아요. 그가 배우 경력을 가진 사람이기 때문에(내 생각이지만), 그는 몸이라는 육체성을 이해하고, 그래서 카메라를 자신의 몸처럼 생각할 줄 안다고 종종 생각했어요. 현장에서 리더십이 아주 인상적이었어요. <아가씨>는 오랜만에 함께 한 작업이었는데 그가 너무 훌륭해서 저는 너무 기쁘고 자랑스러웠어요.

되돌아보면 젊은 시절 우리는 필름 누아르를 정말 사랑했어요. 생각해보면 그의 상업영화 첫 작품인 <올드보이>에서 제가 너무나 낯설고 실험적인 색깔의 벽지들을 썼기 때문에 촬영감독 입장에선 얼마나 걱정이 많고, 또 불만이 많았을까 싶어요. 하지만 그는 그것들을 잘 받아주었을 뿐만 아니라 거기서 더 나아가 아주 신선하고 용감했어요. 그리고 감정이 풍부했고, 실험하는 걸 두려워하지 않았어요. 당시는 필름으로 찍어 후반작업까지 이어가던 방식이었기 때문에 후반작업에서 그가 색을 완전히 눌러서 한두 번 서로 티격태격했던 적도 있었죠. (웃음) 또한 둘 다 아름다운 것을 좋아하기는 하지만, 좋은 촬영이나 미술이 단지 '아름다움'을 의미하지는 않는다는 사실에 격렬히 동의했던 공통점도 있었어요. 예쁜 그림을 찍기 위해 시간을 낭비하지 않는다는 거죠. 그는 스토리를 돕고 감정을 움직여야 하는 이미지를 만들어내고 싶어했어요. 하지만 어떻게 하든 결과적으로 그의 그림이 세련되었다고 생각해요.

촬영감독은 배우와 가장 가까이 있는 사람이기도 합니다. 영화가 만들어지는 그 순간 바로 옆에 있는 사람으로서 정정훈 촬영감독은 누구보다도 신뢰할만한 친구가 되어줄 겁니다. 그건 아마 그가 어릴 때 배우였다는 사실과 관계가 있을 것 같긴 한데, 제가 보기에 정정훈 촬영감독은 배우들의 마음과 상황을 가장 잘 이해해 주는 사람으로 보이고, 배우들 역시 그와 함께 있을 때 편하게 느끼곤 합니다. 또한 이것은 격의 없고 유머러스하고 편한 농담을 자주 던지는 그의 성격에 기인하기도 할 것이고요. 결국 그의 카메라는 정말로 배우들의 연기를 돕는 것처럼 느껴지고, 그들의 연기가 한층 살아나게 합니다.

그런데 그와 오래 일하다 보니 이렇게 종종 실없는 농담으로 가득한 그 이면에는 누구보다도 예민하고 소년 같이 상처받기 쉬운 섬세한 기질이 있음을 이제는 알게 됐어요. 창의적인 아이디어로 가득한 예술가 정정훈인 거죠.

제가 가장 좋아하는 정정훈 촬영감독의 촬영은… 좋아하는 장면 순으로 말해 볼게요. <박쥐>에서는 거실에서 태주의 죽음과 상현의 시간 장면, 그리고 뱀파이어로 다시 태어나는 장면을 꼽고 싶어요. 그 장면들에서 카메라는 그저 완벽했어요. 카메라의 정확한 움직임이며, 카메라와 배우의 정확한 거리며, 적절한 조명의 사용으로 포착된 완벽한 피부톤과 배우의 얼굴. 그의 특성들이 모두 드러나 있는 장면이라고 생각해요. <아가씨>에서 히데코와 숙희가 드디어 저택의 담을 넘어 미지의 땅으로 달려가는 순간도 좋았고요. 김민희 배우의 서재 독해신은 숨 막히게 아름다웠어요. 이렇게 아름다운 것도 잘 찍으시는구나 싶었어요.

정정훈 촬영감독은 배우들과 함께 호흡하는 '현장 진행력'에 탁월한 분이죠. 프리 프로덕션 과정에서 기술적 새로움을 연출적으로 연결 지어 콘티 회의에 많은 아이디어를 제안하신다는 얘기를 전해 들어서 잘 알고 있어요. 그럼에도 테크닉에만 몰두하는 분은 아닙니다. 프로덕션에서 만나는 정정훈 촬영감독은 분장을 마친 배우들을 자신만의 특별한 언어와 매너로 카메라 앞으로 맞이하고, 카메라 앞에 선 배우들에게 그 누구도 줄 수 없는 편안함을 제공해 촬영에 임하게 하는 강한 힘을 갖고 있어요.

　　촬영이란, 내게는 분장실에서 인계해 준 배우들이 카메라 앞에서 극 중 인물로 전환이 되는 신묘한 순간이죠. 배우들이 정정훈 촬영감독의 촬영에 들어갈 때면, 어쩌면 엄마 같은 마음으로 세상 밖의 가장 믿을만한 보호자에게 인계했다는 안도감 같은 감정을 느낍니다. <올드보이>부터 <아가씨>까지 많은 작품에서 만나 작업해왔는데, 카메라 앞에서 배우를 가장 편안하게 이끌어 섬세한 감정을 담아내는 그분의 촬영 감각은 남녀노소 배우를 가리지 않고 계속되고 있어서 특히나 놀랍고 좋았어요.

정정훈 촬영감독과 함께 처음으로 호흡을 맞췄던 영화가 <올드보이>
였습니다. 경험 많은 촬영감독 대신 신인이던 정정훈 촬영감독을 파트
너로 정했던 이유가 있었어요. 원래는 쉽게 생각했습니다. <복수는 나
의 것>에서 함께 즐겁게 일했던 김병일 촬영감독과 다시 만나려고 했
죠. 그런데 그분이 이재용 감독의 <스캔들>을 먼저 잡아버렸다는 게
아니겠어요? 그때부터 힘든 여정이 시작됐습니다. 촬영감독을 구할 수
가 없더군요. 여러 달 동안 많은 분과 접촉했으나 일정이 빈 이가 하나
도 없었습니다. 당시 한국영화가 좀 활황이었거든요. 내가 원래 그다지
높이 여기지 않는 촬영감독조차 데려올 수 없게 되자 아예 모르는 신
인급으로 눈높이를 낮춰야 했습니다. 내 데뷔작부터 모든 작품을 담
당했고 멘토나 다름없는 김상범 편집자를 찾아가 하소연을 했습니다.
<데우스 마키나>라고 촬영을 꽤 하다가 중단된 영화가 하나 있는데
그 카메라맨이 제법이라고 하더군요. 연락해서 만났습니다. 촬영을 평
가할 때 아주 날카로운 상범 형이 추천했으니 믿을 수 있겠거니 한 데
다가 '좀 실력이 부족하면 어떠냐, 조명은 박현원 조명감독이 봐주시고
앵글과 렌즈는 내가 정하면 되지, 뭐' 이런 태평한 생각으로 만났습니
다. 첫인상이야 뭐 당연히 젊고 의욕 넘치고 웃겼죠. (아무리 힘든 상
황에서도 남들을 웃기려 드는 태도는 정말 소중한 것입니다.) 알고 보
니 내가 촬영을 좋게 본 <유리>를 그가 찍었더라고요. 게다가 그게 데

뷔작. 단박에 결정했던 것 같습니다. (물론 그때는 달리 더 이상 찾아
갈 사람도 없긴 했습니다.)

이후 정정훈 촬영감독과 함께 제 필모그래피 대부분을 함께 작
업했어요. 매 작품 함께 일하면서 느낀 그의 특성과 장점은 여러 가지
예요. 첫째, 웃기다. 둘째, 아역 배우 출신이라 그런지 배우들 마음을
잘 알고 그들을 편하게 해준다. 셋째, 현장 리더십이 강하다. 넷째, 문
제가 생겼을 때 해법을 잘 찾는다. 다섯째, 뭐든지 빨리 배운다. 여섯
째, 시각 언어에 대한 직관이 뛰어나다. 일곱째, 발상의 전환을 잘한다.
여덟째, 도전을 두려워 않는다. 아홉째, 눈치가 빠르다. 가장 중요한 열
번째, 드라마 이해력이 높다.

그 많은 작품 중, <스토커>를 찍을 때 인상적인 순간이 있었어
요. 영어도 못하던 정정훈 촬영감독이 통역도 없이 현장에서 의사소통
하려고 애쓰던 모습이에요. 마지막 촬영 날이었어요. 오버타임을 몇 번
이나 써가면서도 '결국 못해내는구나, 나는 여기까지구나'하고 좌절하
고 있었죠. 그때 그가 미친 사람처럼 움직이는 걸 봤어요. 그 덕분에
남은 분량을 말도 안 되는 속도로, 그러면서도 완성도는 놓치지 않으
면서 마칠 수 있었습니다.

개인적으로 그가 찍은 영화 중에서 좋아하는 촬영은 <그것>입
니다. <그것>의 촬영을 높이 평가합니다.

에드가 라이트 감독이 말하는   정정훈 촬영감독

저는 지난 20년 동안 정정훈 촬영감독의 열렬한 팬이었습니다. 다른 많은 사람들과 다르지 않게 제가 처음 본 그의 영화도 아마 <올드보이>일 거예요. 그 뒤로 정정훈 촬영감독의 영화는 모두 찾아보았어요. 그 중에서도 <친절한 금자씨>, <박쥐>, <아가씨>를 가장 좋아합니다. 그 때 본 작품 하나하나가 제게 헤아릴 수 없을 만큼 큰 영향을 미쳤다고 생각합니다. 그의 촬영이 담아내는 풍성한 어둠, 화려함, 강렬한 시각적 재치를 사랑합니다. 감독으로서의 박찬욱과 촬영감독으로서의 정정훈이 만나 이루어 낸 훌륭한 결과물이겠죠. 구도와 색감 모두 아름답게 조화를 이루고 있고요. 이러한 특징들은 그들의 어두운 스릴러 영화에서 좀 더 분명하게 드러납니다. 지금 우리 시대의 가장 멋진 작품 중 한 편인 <아가씨>는 비교적 다른 분위기를 가지고 있지만요.

　　　　정정훈 촬영감독을 만났을 때 놀랐던 점이 있습니다. 그가 만든 영화 속 어둠과 내 앞에 앉아있는 그의 (약간은 실없는) 실제 모습 사이에 큰 차이가 있다는 사실입니다. 그는 매우 재미있는 사람이고, 그런 모습은 촬영장에서 놀라운 에너지로 이어집니다. 그와 함께 만들었던 <라스트 나잇 인 소호>는 정말 즐거운 동시에 매우 힘든 작업이었습니다. 촬영 계획은 야심 찼고, 그를 통해 우리가 달성하고자 했던 목표는 결코 만만하지 않았습니다. 그런 현장에서 감독인 내게 그의 촬영감독으로서의 능력뿐만 아니라 정정훈이라는 사람의 인간적인 매

력 또한 큰 자산이 되었습니다. 그는 촬영장에서 저를 웃게 만드는 데 단 한 번도 실패한 적이 없습니다. 특히 웃음이 절실한 순간일수록 말이에요.

정정훈 촬영감독은 굉장히 동물적인 감각을 갖췄습니다. 사실 <라스트 나잇 인 소호>는 원래 내정된 촬영감독이 있었는데, 그가 촬영 직전에 하차하는 바람에 정정훈 촬영감독은 시간적 여유가 급박한 상황에서 합류하게 됐습니다. 정정훈 촬영감독은 두 달이 채 되지 않는 기간 안에 시나리오를 읽고 스토리보드와 영화의 톤 앤 매너를 담은 무드 릴(mood reel)을 모두 검토해야 했습니다. 다행히 그는 그 짧은 기간 동안 모든 걸 빠르게 파악했습니다. 내가 자료를 보낸 후 검토를 끝낸 그가 "알겠다!"는 짧은 회신을 보냈는데, 솔직히, 그게 우리가 촬영 전 논의한 내용의 거의 전부였어요. 그는 긴 설명 없이도 내가 원하는 것을 완벽히 이해했습니다. 저는 정정훈 촬영감독처럼 예술적 비전이 뛰어나고 빠르게 작업하는 사람이 얼마나 소중한지 잘 압니다. 그는 마치 연출자처럼 생각합니다. 과거에 직접 연출했던 경험이 있어서겠죠. 어떻게 하면 모든 장면을 잘 소화할 수 있을지 감독인 저처럼 고민하고, 우리가 앞둔 크고 작은 목표를 달성하기 위해 언제나 최선을 다합니다. 또한 정 촬영감독은 여러 스태프와의 협업에서 놀라운 속도와 효율성을 보여줍니다. 다양한 나라의 현장에서 일해온 경험이 그런 능력을 발휘하게 한 것이 아닐까 합니다. <라스트 나잇 인 소호>에서 영국인 스태프들과 함께 작업하는 모습은 정말로 멋졌어요. 한 번도 함께 일해본 적 없었지만 정정훈 촬영감독은 팀 내 친밀감을 금세 쌓아올렸고, 그 결과 그의 팀은 맡은 작업을 매우 빠르고 열심히 해나갔습니다. 그렇게 그는 촬영의 모든 과정에서 선물 같은 존재가 되었습니다. 정 감독과 함께 작업할 수 있었던 건 정말 행운이라고 생각해요.

정정훈 촬영감독은 자신의 커리어에서 할 수 있는 모든 걸 시도해본 촬영감독 중 한 명입니다. 새롭고 아방가르드한 실험을 시도할 수 있는 스케줄이 가능했던 불과 몇 년 전의 한국영화 촬영 환경이 그에게 영화 제작 과정에 접근하는 독특한 방식을 불어넣은 것 같습니다. 그는 항상 시각적으로 흥미로운 작업을 하려고 노력합니다. 제가 <라스트 나잇 인 소호>의 스토리보드를 작성했지만, 정정훈 촬영감독은 스토리보드에 국한되지 않은 다양한 앵글을 제안하기도 했어요. 영화를 편집했던 폴 마클리스 편집감독[16]과 저는 정정훈 촬영감독이 제안한 장면을 '정(정훈)의 B(컷)'이라고 부르곤 했어요. 제가 전혀 생각하지도, 고려하지도 않았던 흥미로운 앵글이었죠. 그리고 '정의 B'는 모두 영화에 담기게 되었습니다.

82세라는 고령의 나이로 방대한 대화 장면을 연기해야 했던 고 다이애나 리그[17] 와의 기억도 생생하네요. 촬영 내내 정정훈 촬영감독은 그녀가 지치지 않도록 매우 섬세하게 접근했습니다. 매번 다이애나 리그와 테이크를 몇 번 갈 건지 상의하곤 했는데, 이날 촬영에선 카메라는 세 번의 셋업을, 테이크는 각 셋업마다 최대 세 번만 가기로 미리 약속해 둔 상태였어요. 세 번째 셋업의 세 번째 테이크, 그러니까 우리에게 주어진 마지막 촬영에 다다랐을 때 정정훈 촬영감독이 제 귀에 대고 속삭이더라고요. "에드가, 다른 숏에 대한 아이디어가 있어요." 저는 그를 바라보며 다이애나의 동의가 있어야 한다고 말했죠. 우리는

---

16   에드가 라이트 감독의 전작인 <베이비 드라이버>로 2018년 크리틱스 어워즈에서 편집상을 수상했다.

17   1960년대 유명 영국 드라마 시리즈 <어벤저스>, 본드 시리즈 중에서 유일하게 본드와 결혼했던 본드걸을 연기했던 <007 여왕폐하 대작전>(1970) 등에 출연한 영국 대표 배우로 <라스트 나잇 인 소호>가 유작이다.

종이에 그림을 그려 배우에게 보여주기로 했어요. 그걸 다이애나에게 가져가서 "다이애나, 세 번만 촬영한다고 약속했지만, 정정훈 촬영감독이 새로운 촬영에 대한 아이디어를 갖고 있어서 종이에 그렸어요"라고 말했죠. 다이애나는 그림을 들여다봤죠. 그리고 말했어요. "해보죠. 당신 둘을 위해서."

      <라스트 나잇 인 소호>는 길고 어려운 숏이 많은 결코 쉽지 않은 스릴러 영화입니다. 그런 우리 현장에 정정훈은 언제나 순수한 기쁨을 불어넣는 에너지를 가지고 나타났죠. 정말로 힘들었던 날에조차 말입니다. 이 글을 빌어 그에게 정말로 고맙다는 말을 전하고 싶군요. (번역: 김성훈)

이재혁 스틸 작가가 말하는   홍경표, 정정훈 촬영감독

이재혁 스틸 작가는 정정훈, 홍경표 두 촬영감독과 일했다. 항상 카메라 옆에서 '슛'과 '컷' 사인 사이 찰나의 순간을 기록하는 스틸 작가의 업 특성상 함께 일하는 촬영감독의 스타일로부터 영향을 받지 않을 수 없다. 이재혁 작가가 현장에서 직접 겪은 두 촬영감독에 대해 입을 열었다. 이재혁 작가의 말에 따르면, 정정훈 촬영감독이 "냉정한 이성을 갖춘 촬영감독"이라면 홍경표 촬영감독은 "뜨거운 열정을 가진 촬영감독"이다. 이토록 다른 두 촬영감독에게 공통점이 있다. 그들의 카메라가 "배우의 감정에 따라 움직이는 까닭"에 두 사람과 함께 작업하는 배우들은 "편하게 연기만 하면 된다"는 거다.

✦

정정훈

그와는 두 편을 함께 작업했어요. 2013년 갤럭시노트로 촬영했던 이재용 감독의 <뒷담화: 감독이 미쳤어요>와 2016년에 촬영한 <아가씨>입니다. <아가씨>로 오랜만에 뵈었을 때, 프로듀서가 아닌가 싶을 만큼 정해진 회차를 철저히 지키려고 노력하는 모습이 매우 인상적이었어요. 당시 정정훈 촬영감독은 박찬욱 감독님과 함께 할리우드 데뷔작 <스토커>를 찍고 막 한국에 돌아왔던 차였죠. 한국영화 산업에 주40

185

시간 근무제가 도입됐던 때였고, <아가씨>는 주40시간 근무제를 적용한 첫 영화입니다. 정정훈 촬영감독이 <아가씨>를 68회차 만에 찍겠다고 했을 때 나를 포함한 많은 스태프들이 그게 가능한가 놀랐던 기억도 나요. <아가씨> 때 정정훈 촬영감독은 '아리 알렉사 XT 4:3'이라는 카메라와 '호크 V 라이트'라는 빈티지 렌즈를 사용했어요. 호크 시리즈가 화면 위아래의 샤프니스가 다소 낮아서 피사체의 왜곡이 심하기로 악명이 높은 렌즈인데, <아가씨>의 어떤 장면도 왜곡이 전혀 느껴지지 않았어요. 빡빡한 회차 안에서 기술적으로 난이도가 높은 촬영을 소화했다는 것 자체가 대단했어요. 촬영감독으로서 그의 경험과 내공을 엿볼 수 있는 대목이었어요.

촬영 현장에서 정정훈 촬영감독은 젠틀하세요. 감독, 미술팀, 의상팀 등 다양한 파트와 긴밀하게 협의해서 함께 만들어가는 커뮤니케이션 능력이 아주 탁월합니다. 지금은 할리우드에서 매 작품 '커리어 하이'를 찍고 계시지만 언젠가 다시 한국영화에서 다시 만날 수 있기를 바랍니다.

⚡

홍경표

홍경표 촬영감독과는 <오직 그대만>(감독 송일곤, 2011)과 봉준호 감독의 <설국열차>, <기생충> 총 세 편을 함께 작업했어요. 촬영감독에 해당하는 '시네마토그래퍼'를 '빛으로 그림을 그리는 사람'으로 표현하지 않나요. 스틸 작가로서 현장에서 가장 영향 받는 사람은 감독과 촬영감독인데 특히 홍경표 촬영감독과 함께 작업하면서 그의 빛에 대한 열정으로부터 영감을 많이 받았어요. 홍 촬영감독은 연출이 없는 자연광을 선호해요.

        <설국열차>는 체코에서 찍었어요. 홍경표 촬영감독이 거대한 필름 카메라에 비해 무척 작은 체구로도 무시무시한 에너지를 뿜어내며 기차 짐벌 세트를 장악하는 모습에 깊은 감명을 받았던 기억이 나요. <기생충>은 <설국열차>에 비해 스케일이 큰 영화는 아니었지만 제약된 공간에서 빛을 정교하게 설계하던 모습이 매우 인상적이었어요. 또, 홍경표 촬영감독은 촬영 현장에서 스틸 사진을 틈틈이 찍기로 유명한데, 그가 찍은 사진은 내게 많은 공부가 됩니다. 영화 촬영감독이 찍은 사진은 사진을 업으로 하는 사람이 찍은 사진과 많이 달라요. 개인적으로 아빠들이 휴대폰으로 자기 아기를 찍은 사진이 솔직하고 자유로워서 좋아하는 편이에요. 보통 사진을 전공한 사람이 찍은 사진이 어떤 규칙에 갇혀 있는 반면, 홍경표 촬영감독의 사진은 아기들 사진처럼 틀에 박히지 않고 매우 자유로워요. 앞으로 더 많은 촬영 현장에서 그와 함께 오래 작업하고 싶어요.

홍경표 촬영감독을 언제 처음 만났는지 정확한 연도는 잘 기억나지 않습니다. 무슨 영화였는지 모르겠지만, 극장에서 열린 시사회에서 처음 만났던 것 같아요. 그는 원색으로 머리 염색을 하고 있었고, 팔에도 문신이 있어서 되게 개성이 강했어요. 보통 촬영감독들은 겉으로 보면 얌전한데 이 사람은 정말 독특하구나 싶었죠. '나 이런 사람이야'라고 말하는 것 같았고, 그게 도발적이면서도 열정 넘쳐 보여서 참 재미있었어요. 그 자리에서 그는 내게 같이 일하고 싶다고 말했습니다. 그리고 영화 <버닝>으로 그와 일을 함께 했어요. 어떻게 하다가 홍경표 촬영감독과 작업을 하게 됐는지에 관해서는 말하기 참 복잡합니다. 이전에는 항상 내가 가지고 있던 영화적 방법론을 엄격하게 지키면서 영화를 만들었는데, <버닝>에서는 스스로에게 새로운 변화를 주고 싶었어요. 내가 변화하려면 자기 주관이 뚜렷하고 주장이 강한 사람이 필요했어요. 자신만의 색깔과 감각으로 내게 자극을 줄 수 있는 사람으로 홍경표를 떠올렸죠. 또 다른 이유도 있습니다. 이 작품은 청년 세대의 불안, 무기력함, 분노를 다룹니다. 이러한 감정을 쏟아내고, 이 감정을 관객들이 보다 감각적으로 경험하게 하기 위해서는 홍경표라는 사람이 가진 풍부한 감수성이 필요했어요. 무엇보다 나나 홍경표 촬영감독이 <버닝>으로 만나기 훨씬 이전부터 서로 같이 일하고 싶어했어요. "감독님, 같이 한번 합시다"라고 자신의 마음을 표현하는 사람은 실제로 많지 않거든요. 그런데 홍경표 촬영감독은 자신의 마음을 솔직하게 드러내었어요. (홍경표 촬영감독이 "이창동 감독과의 조합은 상상도 할 수 없었다"고 내게 말했던 기억을 전하자) <버닝> 프리 프로덕션 과정에서 홍 촬영감독과 함께 로케이션 장소를 찾아다니면서 많은 대화를 나누었습니다. 내가 운전하면서 팝송이나 록 음악을 즐겨 듣는 걸 알고 놀랐다고 하더군요. 그 말을 듣고 내가 놀랐어요. 나 같은 사람은 클래식이나 좋아할 줄로 알았나 본데, 나도 그처럼 쌈마이 감수성을 갖고 있어요.(웃음)

　　<버닝>을 함께 만들면서 이전 현장에서 그가 어떻게 일을 하는지 소문을 들어서 알거나, 내 나름대로 그가 찍은 작품들을 보면서 느꼈던 그만의 에너지를 확인할 수 있었어요. 일을 할 때 그는 적극적인 자발성을 가진 촬영감독이에요. 많은 촬영감독들이 수동적인 면을 가지고 있어요. 전작을 함께 했던 촬영감독들도, 작품마다 스타일이 제각각이긴 했지만, 의사 표현에 있어서는 대체로 수동적이라는 공통점이 있었습니다. 좋게 말하면 감독의 결정과 방향을 믿고 존중해서, 감독이 원하는 대로 잘 해내기 위해 최선을 다하는 태도라 할 수 있겠습니다. 그러나 사실 나는 현장에서 적극적으로 자기주장을 하는 것을 좋아하는 편이에요. 홍경표는 의견이 확실하고 분명해요. 그게 홍경표의 에너지죠. 보통 프리 프로덕션 과정에서 로케이션 선정은 제작부의 헌팅 담당자가 장소 대부분을 물색한 뒤 감독과 키스태프들이 확인 헌팅을 하는 방향으로 진행하지만, 그건 나나 홍경표가 선호하는 방식이 아니에요. <버닝> 로케이션 헌팅을 위해 그와 함께 둘이서 직접 운전하며 경기도 일대를 다 돌아다녔어요. 촬영에 적합한 공간을 찾는 일은 로케이션 헌팅 매뉴얼 항목을 충족하느냐를 확인하는 일이 아니에

요. 만드는 사람이 직접 온몸으로 그 공간을 느끼고 결정해야 해요. 그게 촬영감독이 하는 일 중 하나예요. 사전에 철저하게 준비하고 계획한 뒤 현장에 임했을 때 비로소 우연성을 찾아야 하는데, 그렇게 하려면 촬영감독이 적극적으로 부딪혀야 합니다. 홍경표 촬영감독은 적극적으로 자신의 생각이나 느낌을 표현해요. '우와와' 하며 감탄하고, '으아아아 죽입니다' 하며 감정을 드러내요. 그러한 행동이 현장에서 배우, 스태프, 감독을 자극하는 에너지가 되죠. 그것이 홍경표 촬영감독이 이끄는 현장의 특징일 겁니다. 때로는 그게 지나치다고 느낄 때도 있지만, 그런 건 감독인 내가 잘라내거나 받아들이면 되니까. 사실 홍경표처럼 몇 번을 까어도 계속 부딪혀야 더 좋은 게 나오는 법이에요.

홍경표를 얘기할 때 그가 가진 감수성을 언급하지 않을 수 없어요. 촬영감독들은 흔히 시각적으로 예민한 감각을 갖고 있어요. 그런데 사실 그 감각보다 중요한 것이 그걸 렌즈로 포착해낼 수 있는 감수성인데, 홍경표에게 그게 있어요. 감각보다는 정서라는 얘기죠. 대체 그 감수성이라는 게 뭐냐고 물으면 쉽게 설명하기는 어려워요. 아마 그가 지금까지 살아온 삶을 관통하며 쌓아올린 정서일 거예요. 먼지도 때도 묻고, 피 흘리고 싸우며 쌓아온 정서. 그럼에도 나이가 들지 않는, 변질되지 않는 10대 사춘기 같은 순수함과 유치함도 약간 있고. 조금 더 노골적으로 말하면 남성적인… 그러니까 수컷의 정서가 뒤섞인 감수성으로 렌즈 앞 피사체를 느끼고 포착하여 드러내는 것이 홍경표를 움직이는 동력 같아요. 홍경표 촬영감독과 내가 서로 동의했다고나 할까, 공모했다고나 할까. 촬영이라는 건 뭔가를 계획한 대로 연출해서 찍어내는 게 다가 아니에요. 영화라는 매체는 불가피하게 우연성을 갈구합니다. 우연적 마주침을 어떻게 찾아내는가가 촬영의 의미라는 뜻이죠. 프리 프로덕션에서나 촬영 현장에서나 우연히 발생하여 우리에게 온 무언가를 놓치지 않는 일이 굉장히 중요하다고 생각해요. 그런 맥락에서 홍경표 촬영감독은 그런 태도를 갖춘 사람이에요. 현장에서 그는 '운이 좋았다'는 얘기를 많이 합니다. 좋은 화면을 찍은 게 자신의 능력 때문이 아니라 운이라는 얘기죠. 매 순간 다 다른 것이 날씨며 빛이고 배우의 표정이고 바람이에요. 그는 그 다른 것들 사이에서 최고의 순간을 찾아낼 때 희열을 느끼고 행복해해요. 홍경표 촬영감독에게 그보다 중요한 것은 없다고 생각해요. 그걸 찾기 위해 힘들게 로케이션을 다 돌아다니고, 새벽에 산에도 올라가고, 물에 들어가는 거예요.

모두가 시스템 안에서 움직이고 있기 때문에 어느 순간부터 영화를 만드는 일이 재미가 없어졌어요. 왜 영화를 하게 됐지? 그런 생각을 많이 해요. 홍경표는 영화 그 너머의 것을 몸으로 알아가고, 또 몸으로 갈구하며, 몸으로 그 기쁨을 표현하는 사람이에요. 그가 하는 그것이 곧 촬영입니다.

지금까지 조용규(<지리멸렬>(1994), <플란다스의 개>(2000)), 김형구 (<살인의 추억>(2003), <괴물>(2006)), 다리우스 콘지(<옥자>(2017)), 홍경표(<마더>(2009), <설국열차>(2013), <기생충>(2019)) 네 명의 촬영감독과 작업을 했는데 모두 스타일이 달랐어요. 홍경표 촬영감독과는 세 편을 찍었는데 그 세 편 모두 스타일이 다 달랐고요. 그 얘기는 그가 어떤 원칙을 가진 촬영감독이라기보다는 시나리오와 감독의 연출을 해석해 작품, 시나리오에 자신의 몸을 던지는 촬영감독이라는 얘기죠.

　　그도 나도 조수 시절 처음 만났어요. 박기용 감독이 연출했던 영화 <모텔 선인장>(1997)에서 나는 조감독이었고, 홍경표 촬영감독은 포커스 풀러[18]였어요. 장준환 감독이 연출부였고. 그 영화의 촬영감독이 크리스토퍼 도일이었어요. 당시 도일 촬영감독은 왕가위 감독의 <아비정전>(1990), <중경삼림>(1994), <동사서독>(1994), <타락천사>(1995)를 연달아 찍은 후였어요. 현장에서 크리스토퍼 도일이 불평불만이 많았었는데, 홍경표만큼은 사랑하고 칭찬을 많이 했어요. 왜냐하면 홍경표가 포커스를 굉장히 정확하게 잘 맞췄기 때문이었죠. <모텔 선인장>은 핸드헬드로 찍은 작품이었는데, 정말 얕은 심도의 매크로 렌즈를 주로 사용해서 조금만 계산을 잘못해도 피사체가 쉽게 흐려졌어요. 핸드헬드 카메라가 수시로 움직이는 환경에서도 홍경표는

18　피사체와 렌즈 사이의 거리를 재고, 계산해서 포커스를 맞추는 촬영팀의 역할.

포커스를 다 맞춰냈어요. 집중력이 매우 뛰어나서 크리스토퍼 도일 촬영감독으로부터 큰 신뢰를 얻었어요. 반대로 저는 빵점짜리 조감독이었고. 일을 못해서 맨날 혼났는데 다행스럽게도 박기용 감독님이 성인군자셔서 안 잘렸죠.(웃음) 당시 차승재 우노필름 대표가 홍경표 촬영감독을 매우 좋아했던 기억이 나요. 그 후 저와 장준환 감독이 함께 시나리오를 썼던 <유령>(1999)을 홍경표 촬영감독이 찍었어요.

　　이후 홍경표 촬영감독과 처음 작업한 영화가 <마더>입니다. <마더>는 로케이션 촬영 분량이 매우 많았고, 개인적으로는 2.35:1 시네마스코프 비율로 찍은 첫 영화였어요. <플란다스의 개>, <살인의 추억>, <괴물> 등 전작 모두 화면비가 1.85:1이었어요. <마더>를 찍기 위해 독일 뮌헨까지 가서 호크 렌즈를 공수했었죠. 호크 렌즈는 룩이 왜곡되는 느낌이나 아웃 포커스 때 백그라운드가 부서지는 느낌이 요즘 렌즈와 확실히 달랐어요. 스티븐 스필버그가 <뮌헨>(2005)을 찍을 때 사용했고, 독일 영화 <타인의 삶>(감독 플로리안 헨켈 폰 도너스마르크, 2007)도 선택한 렌즈죠. 홍경표 촬영감독이 그 렌즈를 준비해서 주인공의 심리와 정서에 맞춰 작품에 몸을 던지면서 촬영했던 기억이 아직도 생생해요. 비가 쏟아지는 밤, 김혜자 선생님께서 건물 옥상으로 올라가 마을 전경을 바라보는 영화의 중반부 시퀀스는 엄마(김혜자)가 마을이나 세상 전체를 적대시하고 직접 아들(원빈)이 연루된 사건을 수사하기 시작한다는 점에서 극의 분기점이 되는 장면이죠. 다른 배우들 없이 김혜자 선생님이 혼자 등장하는 시퀀스인데, 카메라가 커버해야 하는 사이즈가 넓은 장면이다 보니 촬영 몇 달 전부터 제작부가 동네 전체를 돌며 촬영 협조를 구했고, 촬영 당일에는 촬영팀, 조명팀이 카메라 앵글에 등장하는 모든 지역에 조명을 일일이 세팅해야 하는 등 굉장히 촬영 난이도가 높았어요. 어쩌면 그 장면은 홍경표 촬영감독이 단 한 명의 배우를 위해 설계한, 한국영화사에서 가장 거대한 조명이었는지도 몰라요.

　　두 번째로 함께 작업한 영화 <설국열차>는 빛을 설계하는 방식과 표현이 스타일리시하고 과감했던 작품이었어요. 주인공 커티스(크리스 에반스)가 전진하는 만큼 관객도 카메라도 함께 전진하는 서사죠. 복도처럼 폭이 좁고 길다는 공간의 제약 속에서 여러 도전을 해야했어요. 달리는 기차가 터널을 통과할 때 같은, 기차 움직임을 표현하는 역동적인 빛을 만들어내야 했어요. 촬영 공간이 모두 세트였는데 그 세트 속에서 기차가 꼬불꼬불 달리는 모습을 빛을 통해 표현해야 했어요. 기차 칸마다 컬러도 확확 달라져야 했고요. 남궁민수(송강호)와 커티스 중에서 누가 주인공인지가 드러나는 영화의 후반부 시퀀스에서 홍경표 촬영감독의 카메라가 90도로 꺾이는 컷이 딱 하나 있는데, 그때 보여주는 카메라의 움직임과 화면 사이즈는 시나리오를 쓸 때부터 설계된 것이에요. 그 장면은 카메라가 90도로 확 꺾이는 각도와 패닝하는 속도가 모든 면에서 0.001%도 부족하거나 과하지 않은 완벽한 촬영이었어요. 홍경표 촬영감독은 평소 내 스토리보드를 보는 걸 좋아해요. "준호, 니 콘티는 보는 재미가 있어. 리듬감이 있어. 영화는 리듬이지, 리듬"이라고 말하면서 말이죠.(웃음) <설국열차>는 우리끼리 농담 삼아 '긴 복도에서 찍는 영화'라고 표현했는데 기차라는 긴 복도가 두 시간 내내 지루하지 않았던 건 홍경표 촬영감독 덕분이에요.

　　가장 최근에 함께 작업했던 <기생충>은 <마더>나 <설국열차>와는 또 달랐어요. 빛을 과시적으로 설계하는 대신 인물에 집중했어요. <기생충>은 캐릭터에 집중하는 서사였어요. 부잣집과 가난한 집이 등장하고, 두 집 모두 세트를 지었어요. 장면 상당수를 인공 세트에서 찍었지만 자연광을 최대한 활용하고자 했어요. (최)우식 씨가 화장실에서 와이파이를 찾는 오프닝 시퀀스를 찍을 때 홍경표 촬영감독이 처음에는 인공광을 활용해 찍었다가 마음에 안 든다며 햇빛이 너무 좋았던 다음날 한 번 더 찍자고 부탁해서 찍기도 했어요. 우식 씨가 강호 선배한테 '아버지, 제가 이 집을 사겠습니다'라고 말하며 포옹하는 영화의 후반부 시퀀스는 시나리오를 쓸 때부터 자연광으로 찍는 게 목표였죠. 그래서 전주에서 부잣집 세트를 지을 때 홍경표 촬영감독은 특정 시간에 햇빛이 쏟아질 수 있게 해의 방향과 움직임을 계산했고, 이하준 미술감독이 홍 촬영감독의 의견을 반영해 세트를 제작했어요. 빛을 과시하지는 않지만 꼭 필요한 순간에는 충분히 내리쬐는 빛을 활용할 수 있도록 계획했던 세트죠.

　　　내 영화와 다른 감독님의 영화를 통틀어서 개인적으로 좋아하는 그의 촬영은 손에 꼽기 어려울만큼 많습니다. 비교적 최근작 중에서 고르면 이창동 감독님의 <버닝>에서 비닐하우스가 불타는 장면, 나홍진 감독의 <곡성>에서 비가 추적추적 내리는 오프닝 시퀀스, 그때 보여주는 축축한 질감과 싸늘한 컬러, 천우희 씨가 밤 골목을 거닐 때 세분화되어 표현된 어둠들. 저도 홍경표 촬영감독도 어둠을 표현할 때 유독 흥분하거나 좋아하는 경향이 있어요. <마더> 때 원빈 씨 뒤에서 돌이 날아오는 시퀀스가 있는데, 빛과 빛 사이에서 난데없이 돌이 날아오는 시퀀스를 보면서 둘이서 킥킥거리면서 재미있어했던 기억도 납니다. 아, <마더>의 엔딩 시퀀스는 정말 오래 준비했었어요. 아직도 기억이 나요. 2009년 1월 인천국제공항 근처였어요. 하늘에서 햇빛이 내리쬐고, 아주 오랜 시간 계산해서 결정한 망원 렌즈와 줌 렌즈를 사용해 춤추는 여인들로 차체가 덜컹거리는 버스 내부를 찍었어요. 오래 준비했던 순간이었지만 현장에선 마치 예측할 수 없는 다큐멘터리처럼 촬영했어요. 그 장면을 무사히 찍고 난 뒤 홍경표 촬영감독과 얼싸안았어요. 십년 묵은 체증이 확 내려갔죠.

홍경표 촬영감독은 배우들을 사진으로 찍는 걸 좋아해요. <마더> 때 그가 찍은 사진을 보며 배우에 대한 연구를 많이 했어요. 그 영향을 받아 <기생충> 때는 나도 카메라를 들고 배우들을 많이 찍었어요. 프리 프로덕션 때부터 이렇게 찍으면서 이 배우는 어떻게 찍으면 흥미로울지 홍 촬영감독과 생각을 공유합니다. 그는 캐릭터와 인물에 대한 존중심이 깊어요. 그러면서 자신만의 스타일리시한 표현을 많이 고민해요. 어떻게 하면 인물을, 배우를 섬세하게 보여줄 것인가 하는 고민들.

재작년 홍경표 촬영감독의 결혼식 때 축사를 했어요. 감독과 촬영감독은 부부라고 표현을 했는데, 그 표현은 옛날 충무로 어르신들이 상투적으로 썼던 비유죠. 어떻게 보면 식상하기도 하지만, 사실 또 맞는 말이기도 해요. 감독과 촬영감독이 사이가 안 좋으면 현장 분위기도 안 좋고, 영화도 잘 안 나오고. 나와 홍경표 촬영감독은 찰떡궁합인 부부입니다.(웃음) 신작 <미키17> 다음 프로젝트인 애니메이션을 홍경표 촬영감독과 함께 준비하고 있어요. 로저 디킨스 촬영감독이 애니메이션 <월-E>의 비주얼을 책임졌듯이 홍경표 촬영감독이 애니메이션의 빛을 설계하고, 빛의 톤을 만들고, 렌즈도 선택하는 역할을 하고 있어요. 지난 2019년부터 조금씩 준비했고, 올해부터 본격적으로 같이 작업할 계획입니다.

에필로그

"대체 책은 언제 나오나요?" 지난 3년 동안 숱하게 받은 질문이다. 지난해 11월 강동원 배우를 응원하기 위해 <전, 란>(감독 김상만) 촬영 현장에 놀러갔다가 오랜만에 만난 이재혁 스틸 작가도 재차 물어보셨다. 아직 "마감을 하지 못했습니다"라고 말할 수밖에 없었다. 그도 나도 머쓱했다. 내가 끙끙대며 꾸역꾸역 글을 쓰는 사이에도 홍경표, 정정훈 촬영감독은 필모그래피를 부지런히 늘려나갔다.

홍경표 촬영감독은 이 책에 언급된 마지막 영화 <유랑의 달> 이후로 벌써 두 편을 더 찍었고, 세 편째 영화를 촬영하고 있다. 일단 <굿바이 싱글>(2016)을 연출했던 김태곤 감독의 신작인 <탈출: 프로젝트 사일런스>를 찍었다. 제76회 칸영화제 미드나잇 스크리닝 부문에 초청받은 영화다. 제목에서 짐작할 수 있듯이 재난 장르다. 인천대교를 모티브로 설정한 가상의 공간이 이야기의 무대다. 기상이 악화된 탓에 한 치 앞도 분간하기 힘든 대교에서 연쇄 추돌 사고와 폭발이 연달아 일어나 붕괴 위험에 처한다. 그로 인해 공항을 오가던 사람들은 고립된다. 극비리에 이송되던 '프로젝트 사일런스'의 군사용 실험견인 '에코'들이 탈출해 사람들에게 달려들면서 다리 위는 순식간에 아수라장이 된다. 안개가 자욱한 대교 위에서 VFX로 구현된 실험견과 사람들이 뒤엉켜 아수라장이 된 이 지옥도를 홍경표 촬영감독이 어떻게 구현했을지 궁금하다.

<내부자들>, <마약왕>, <남산의 부장들>을 연출했던 우민호 감독의 신작 <하얼빈>도 이미 촬영을 마쳤다. 이 영화는 안중근 의사 (현빈)가 하얼빈역에서 이토 히로부미를 저격하기까지 독립군들의 고군분투를 그린 첩보 드라마다. 러시아, 중국을 넘나들었던 독립군처럼 제작진도 몽골과 라트비아를 넘나들며 찍었다고 한다. 홍경표 촬영감독이 눈이 소복이 쌓인 광주 무등산에서 찍은 사진 한 장을 문자로 보내주었는데, 모르긴 몰라도 신나 보였다.

마지막으로 홍경표 촬영감독은 <곡성>을 함께 만든 나홍진 감독의 신작 <HOPE(희망)> 촬영을 마쳤다. 고립된 항구마을 호포항에서 시작된 의문의 공격에 맞서는 주민들의 이야기 정도로만 알려져 있을 뿐, 어떤 영화인지 아직까지는 짐작하기 힘들다. 조인성, 황정민, 정호연, 알리시아 비칸데르, 마이클 패스벤더 등 국내외 스타 배우들이 총출동한다는 사실로 촬영 전부터 화제가 됐다.

정정훈 촬영감독이 찍은 <웡카>(감독 폴 킹, 2023)는 이 글을 쓰는 2024년 2월 현재 극장에서 상영 중이다. <찰리와 초콜릿공장>(감독 팀 버튼, 2005)의 프리퀄로 배우 티모시 샬라메가 출연한다는 사실만으로 큰 화제가 됐다. 이 영화는 드라마와 뮤지컬 시퀀스를 넘나드는 이야기로, 사실적이고 자연스러운 조명을 기반으로 하되 뮤지컬 신이 나올 때마다 분위기에 맞는 빛들을 화려하게 또 버라이어티하게 선보인다는 점에서 강렬하다.

그는 최근까지 캐나다 밴쿠버에서 <웡카> 다음 작품인 <Heretic (이교도)>을 다 찍고, 지금은 다시 L.A.로 돌아왔다. 이 영화는 <콰이어트 플레이스>, <부기맨> 등 여러 호러 영화의 각본을 썼던 스콧 벡과 브라이언 우즈 감독이 공동으로 연출하는 작품으로 A24가 제작한다. 아, 최근 티모시 샬라메가 출연한 샤넬 캠페인 영상도 정정훈 촬영감독이 찍었다. 그것도 마틴 스코세이지 감독과 함께!

홍경표와 정정훈, 정정훈과 홍경표. 앞으로 두 촬영감독의 세계가 어떻게 확장될지 궁금하고, 기대가 크다. 두 사람에 대한 글을 쓰는 것도 이제야 끝이 보이면서 홀가분하기도 하고, 괜한 일을 벌인 건가 겁도 난다. 그때마다 "재미있다"는 칭찬과 함께 빨간펜으로 채찍질한 임유청 편집자와 오랜 시간 묵묵히 기다려 준 백준오 플레인아카이브 대표가 아니었더라면 어떻게 얼굴을 들고 다녔을까 싶다. 모두 진심으로 감사드린다.

빛의 설계자들:

초판 1쇄 발행 2024년 9월 9일

지은이 　 김성훈

펴낸 곳 　 플레인아카이브

펴낸이 　 백준오

편집 　 임유청

디자인 　 워크뷰로

교정 　 이보람

지원 　 이한솔 장지선

출판등록 　 2017년 3월 30일
　　　　　 제406-2017-000039호

주소 　 경기도 파주시 회동길
　　　　 336-17, 302호

이메일 　 cs@plainarchive.com

값 　 20,000원

ISBN 　 979-11-90738-66-8

홍경표와 정정훈 촬영감독을 기록하다